SPAGHETTI ESSEN MIT GOTT
In den einsamsten Stunden ist man niemals wirklich allein

Daniel Marc Daum
Weberdobel 1, 79256 Buchenbach, Deutschland

„Gott gibt mir das Gefühl, dass ich nicht für jeden einzelnen Augenblick kämpfen muss, weil er mich liebt und weil er mir immer wieder zeigt, wie es in meinem Leben weiter geht."

Daniel Marc Daum

© 2015 Daniel Marc Daum

Autor und Illustration: Daniel Marc Daum

Lektorat: Tabea Seeborg
Lektorat: Blanche Wiese

Auflage: Juli 2016

Herstellung und Verlag:
BoD – Books on Demand, Norderstedt

ISBN: 978-3-7386-2599-8

IHNAHLT

WIE DIESES BUCH ENTSTANDEN IST

SPAGHETTI

BETEN – WIE JESUS CHRISTUS

MIT GOTT REDEN

DU UND GOTT

EGAL, WO DU BIST

HABT KEINE ANGST

HEILUNG UND VERGEBUNG

GOTT GIBT ANTWORT

BETEN IM ALLTAG

ERINNERUNGEN

AKTIV IM ALTAG

DIE SCHÖNEN MOMENTE

DIE LIEBE

JESUS CHRISTUS

ZUM SCHLUSS

EIN GEBET

ÜBER DEN AUTOR

WIE DIESES BUCH ENTSTANDEN IST

Mein erstes Buch „Mit 130 cm durchs Leben" entstammt aus einer Zeit, in der ich viele Jahre ohne Arbeit war. Ich war verzweifelt, weil ich trotz Ausbildung zum Technischen Zeichner keine Anstellung bekam und das für eine lange Zeit. Eines Tages lag ich mal wieder im Bett und träumte mit offenen Augen, vertieft in andere Welten. Während ich so träumte, hatte ich plötzlich eine ganz tolle Eingebung, man kann es auch einen Wunschtraum nennen.

Die Idee war, ein Buch zu schreiben über meinen Kleinwuchs, über meinen Alltag, über das Schwierige und Gute, wenn man mit einer Körpergröße von 130 cm durchs Leben geht. Wie ist es, wenn alles um einen herum nur für große Menschen gebaut wurde? Wenn eine normal gebaute Toilette für einen kleinwüchsigen Menschen schon eine alltägliche Herausforderung sein kann? Menschen, die klein sind, müssen sich mehr anstrengen, um sich im alltäglichen Leben zurechtzufinden.

Mein erstes Buch war und ist eine Selbstfindungserfahrung, ein Weg, mich und meinen Kleinwuchs zu akzeptieren. Es geht darum, mich selbst zu finden, zu mögen, wie ich körperlich aussehe, und zu lernen, zu meiner Körpergröße von 130 cm zu stehen.

Ich bin klein und lebe ein sehr gutes Leben, so wie es jeder Mensch tut, der mit sich selbst im Reinen ist und sich so akzeptiert, wie er ist. Mit meinem Kleinwuchs kann ich alles tun, nur braucht es manchmal die Hilfe von anderen Menschen im Alltag.

Die Idee von einem Buch bis zur Vollendung dauerte 15 Jahre. Viele Jahre der Vergessenheit zogen ins Land und der Mangel an Glauben, dass ich ein Buch schreiben und fertigstellen kann, hinderte mich am schnellen Fortschritt.

Ich musste über die Jahre hinweg lernen, Ideen zu formulieren. Mir fällt es unendlich schwer, Sätze zu formulieren und sie aufs Papier zu bringen. Die Formulierungen und die deutsche Rechtschreibung fallen mir sehr schwer und ich mache sehr viele Rechtschreib- und Grammatikfehler, so dass es jeden umhauen würde, der meine Sätze ohne vorherige Korrektur liest.

Eines Tages hielt ich mein erstes Buch in den Händen. Das war ein besonderer Tag in meinem Leben. Im September 2014 erschien mein erstes Printbuch (ISBN: 978-3-7357-5116-4) im Eigenverlag mit dem Buchtitel „Mit 130 cm durchs Leben". Heute ist mein erstes Buch überall erhältlich und es wurden schon viele Exemplare verkauft.

Mein erstes Buch brauchte eine lange Zeit der Reife und der Entwicklung (auch meine Persönlichkeitsentwicklung spielte dabei eine große Rolle), bis es vom ersten bis zum letzten Wort fertig war.

Bei meinem zweiten Buch ging es von der Idee bis zur fertigen Ausgabe sehr viel schneller. Die Idee zu meinem zweiten Buch entstand an einem Sonntag im Oktober 2014 durch Zufall. Ich setzte mich an den PC und fing an ein paar Zeilen über das Beten zu schreiben. An diesem Nachmittag wurden aus ein paar Zeilen sehr schnell über 3.000 Wörter. Es machte zudem Spaß, über das zu schreiben, was ich fühlte und erfahren hatte mit dem Gebet, mit der Liebe zu Gott.

Ich recherchierte in der Bibel, in meinen Unterlagen und im Tagebuch, meine Erlebnisse aus Vergangenheit und Gegenwart zum Thema Beten.

Dieses Buch entstand, weil ich erkannte, dass es nicht ausreicht, jeden Sonntag in die Kirche zu gehen. Sonntags in die Kirche zu gehen, bedeutet für mich nicht, dass ich Gott gut kenne. Das persönliche Gebet hat mir geholfen, Gott kennen zu lernen. In vielen Stunden meiner Einsamkeit habe ich zu Gott gebetet. Aber das Beten allein bringt mich auch nicht näher zu Gott. Zu Gott zu beten bedeutet für mich, mit Gott zu reden und zuzuhören, was er mir zu sagen hat. Ihm zuzuhören ist der Weg, wie ich Gott persönlich kennen gelernt habe und wie ich seine Liebe jeden Tag fühle.

Dieses Buch heißt „Spaghetti essen mit Gott". Ich hätte auch einen anderen Buchtitel wählen können, zum Beispiel „Mit Gott reden" oder „Beten hilft". Spaghetti essen liebe ich über alles und bis heute weiß ich nicht, warum mir dieser Titel „Spaghetti essen mit Gott" eingefallen ist. Vielleicht, weil essen eine gute Möglichkeit ist, jemanden einzuladen, mit jemandem zu reden und ihm zuzuhören? Meistens verbringt man eine gute Zeit am Tisch, alleine oder mit mehreren.

Gott lädt uns ein, zu ihm zu kommen. Er möchte, dass wir bei ihm sind durch seine Liebe zu uns und unsere Liebe zu ihm, durch unser Tun und Handeln und durch unsere Gebete. „Denn ich, ich kenne meine Pläne, die ich für euch habe – Spruch des Herrn –, Pläne des Heils und nicht des Unheils; denn ich will euch eine Zukunft und eine Hoffnung geben. Wenn ihr mich ruft, wenn ihr kommt und zu mir betet, so erhöre ich euch. Sucht ihr mich, so findet ihr mich. Wenn ihr von ganzem Herzen nach mir fragt." Jeremia 29:11 – 13.

SPAGHETTI

Im Herbst 2012 war in ganz Deutschland für 90 Tage keine Sonne zu sehen. Die dunklen Wolken hingen tief am Himmel. Das Tageslicht wurde immer kürzer und die Temperaturen sanken bis in den Keller.

In dieser Zeit fühlte ich mich sehr einsam, so sehr, dass die Einsamkeit mir weh tat. Ich war schon über 40 Jahre alt und wollte eigentlich schon lange eine eigene Familie haben, aber kein Fenster tat sich auf und keine Möglichkeit ergab sich. Ich hatte bislang noch keine Beziehung gehabt; ja, ich hatte noch nicht einmal jemanden kennen gelernt, der für mich und für den ich in Frage gekommen wäre.

Zu diesem Zeitpunkt fühlte ich mich alt und schaute auf mein vergangenes Leben zurück: auf das, was ich erreicht hatte, aber im Besonderen auf das, was ich nicht erreicht hatte. Meine Gegenwart fühlte sich so leer an und für meine Zukunft sah ich keine Besserung meiner Lebensumstände.

Ich fühlte mich sehr einsam. Ich spürte, wie mein Glaube an Gott schwächer wurde. Ich zweifelte und klagte zu Gott und ich war wütend auf mein Leben, auf mich selbst und auf jeden anderen, den ich kannte, weil ich keinen Fortschritt in meinem Leben sah. Ich wollte nicht mehr alleine sein und allein durchs Leben gehen.

Am 17. November 2012, einem Samstag, fuhr ich mit dem Auto nach Freiburg auf den Parkplatz meiner Kirche. Es war 14 Uhr und noch hell draußen. Ich saß im Auto und schmollte stundenlang vor mich hin. Voll Verzweiflung rang ich mit meinem Gottesglauben. Ich fühlte mich in diesem Moment so klein und minderwertig, verloren und verlassen von Gott und allen Menschen. Der Schmerz war so groß und ich hatte ein Gefühl, als würde man mich in der Luft zerreißen.

So tobte dieser Kampf in mir und es ging darum: Soll ich weiter an Gott glauben oder nicht? Draußen wurde es kälter und dunkler. Ich betete in diesen drei Stunden mehrmals zu Gott, er möge mir helfen, damit es mir wieder besser gehe. Aber es tat sich nichts, keine Hilfe und keine Besserung kam von Gott. Die Zeit verging wie in Zeitlupe und dauerte eine gefühlte Ewigkeit.

Nach vielen Ängsten und negativen Gedanken kamen allmählich wieder die guten Gedanken und Erinnerungen. Ich erinnerte mich wieder daran, was ich im Leben schon alles Gute erreicht hatte. Zwei Ausbildungen hatte ich absolviert, zum Technischen Zeichner und zum Bürokaufmann. Ich hatte vieles von selbst gelernt, zum Beispiel Malen, Fotografieren, digitale Bildbearbeitung, Layout und

Grafikgestaltung, Kochen, Nähen, Flöte und Trompete spielen. All diese Dinge kamen wieder in mir hervor und ich dankte Gott dafür. Besonders erinnerte ich mich wieder daran, dass ich wunderbare Eltern habe und meine sieben Geschwister. Ich war doch nicht allein. Ich fühlte wieder die Liebe Gottes und verspürte, dass ich niemals allein war, auch nicht in den drei Stunden, die ich im Auto auf dem Parkplatz verbracht hatte. In Gott finden wir immer einen Weg und die Lösung für unsere Ängste, Probleme und Sorgen. Im Moment dieser Dankbarkeit machte Gott sich mir bemerkbar durch ein Gefühl, das voll Liebe und Schönheit war. Langsam spürte ich, dass der Schmerz in mir wich, und die Hoffnung und der Glaube kamen wieder zurück.

Mittlerweile war es ganz dunkel geworden. Ich hatte noch nicht das Gefühl, dass ich wieder nach Hause fahren sollte, also blieb ich frierend im Auto sitzen. Während ich so da saß, überkam mich ein Gefühl, als ob Gott zu mir sagen würde: „Daniel, du darfst dir wünschen, was du willst!" Ich hörte diesen Satz und glaubte, es sei ein Scherz. Nach einer Weile hörte ich wieder diesen Satz: „Daniel, du darfst dir etwas wünschen, was Du willst, ganz gleich, was!" „In Ordnung", dachte ich und gab zur Antwort: „Wenn das so ist, dann wünsche ich mir, dass ich noch heute Abend bei einer Familie eingeladen bin und mit ihr zu Abend esse." Das war mein Wunsch an diesem Abend. Nun dachte ich:

„Gott, wie willst du mir diesen Wunsch erfüllen?" Der Abend hatte schon angefangen. Um ehrlich zu sein, glaubte ich nicht, dass Gott mir diesen Wunsch erfüllen würde.

Nun, als Christ sollte man wissen, dass, wenn Gott etwas sagt, er es auch erfüllt. Ich dachte noch eine Weile über mein Leben nach und über die Liebe, die Gott uns gibt. Draußen war es nun dunkel geworden. Ich hatte das Gefühl, dass ich wieder nach Hause fahren solle, also fuhr ich los. Dabei verlor ich ganz aus den Augen, was mein Wunsch an diesem Abend gewesen war.

Ich fuhr von Freiburg Richtung Kirchzarten. Kurz vor meinem Ziel bemerkte ich, dass ich hungrig war und überlegte, dass ich an diesem Abend nicht daheim kochen wollte. So bog ich von der Bundesstraße ab, in Richtung Kirchzarten, zu einem Restaurant mit dem Namen „Fiesta".

Es war stockdunkel, nebelig und sehr kalt. Ich fuhr auf den Parkplatz vor das Restaurant und parkte das Auto. Ich blieb noch einen kurzen Moment im Auto sitzen und fing wieder an zu grübeln. Eigentlich wollte ich nicht austeigen, aus dem warmen Auto, um in die Dunkelheit hinaus zu gehen. Aber ich war entschlossen und ging ins Dunkle hinaus und hinein ins helle und warme Restaurant „Fiesta".

Kaum hatte ich einen Schritt an der Eingangstür vorbei gemacht, da rannte ein Junge von zehn Jahren auf mich zu. Ich erkannte ihn sofort und fragte ihn: „Joshua, was machst du hier? Sind deine Eltern auch da?" Er gab zur Antwort: „Hey Daniel, ja, meine Eltern sind da. Wir sitzen da hinten am großen Tisch. Willst du zu uns kommen?"

„Oh, ja gerne", sagte ich verblüfft und ging mit kleinen Schritten auf den großen Tisch zu, an dem die ganze Familie versammelt saß. Die Eltern, die Kinder und ich schauten uns eine Weile erstaunt an. Dann wurde ich einstimmig eingeladen, am Tisch Platz zu nehmen.

Die Bestellungen der Familie wurden gerade serviert. Ich bestellte Spaghetti mit Hackfleischbällchen. Wir saßen gemeinsam am Tisch, redeten, aßen und tranken und hatten Spaß dabei. Es war eine wunderbare und schöne Zeit, die ich mit dieser Familie verbringen durfte.

Nach dem Abendessen, nachdem jeder wieder in der Dunkelheit verschwunden und nach Hause gefahren war, fiel mir wieder ein, was ich mir vor ein paar Stunden von Gott gewünscht hatte: „Ich will an diesem Abend bei einer Familie zu Tisch sein und mit ihr zu Abend essen." Gott hatte mir meinen Wunsch erfüllt, und ich dankte ihm sehr für diese Gnade. Ich denke heute noch an diesen wunderbaren Abend mit der Familie. Für mich war dieser Abend ein Wunder. Aus der Dunkelheit meiner Seele wurde Licht.

BETEN – WIE JESUS CHRISTUS

„Jesus Christus, einst sind deine Jünger zu dir gekommen und haben verlangt: "Herr, lehre uns beten." Lehre mich einsehen, dass ohne Gebet mein Inneres verkümmert und mein Leben Halt und Kraft verliert. Nimm das Gerede von Erlebnis und Bedürfnis weg, hinter welchem sich Trägheit und Auflehnung verbirgt. Gib mir Ernst und festen Entschluss, und hilf mir, durch Überwindung zu lernen, was zum Heil nottut. Führe mich aber auch in deine heilige Gegenwart. Lehre mich zu dir sprechen im Ernst der Wahrheit und in der Innigkeit der Liebe..." Text von Romano Guardini.

Jesus Christus ist mit seinen Jüngern am See von Galiläa. Er lehrt sie, wie sie beten sollen. Jesus entfernt sich von seinen Jüngern, um allein zu sein und zu beten. Er beendet sein Gebet, dann kommt einer seiner Jünger auf ihn zu und bittet: „Herr, sag uns doch, wie wir beten sollen; Johannes hat es seine Jünger auch gelehrt. Jesus antwortet: Das soll euer Gebet sein..." Lukas 11:1 – 4.

Dieses Gebet, das wir als das „Vaterunser" kennen, ist die Grundlage, wie wir beten sollen. Dieses Gebet ist von so großer Bedeutung, dass wir uns viel damit befassen sollten. Das Vaterunser ist das Gebet der gesamten Christenheit. Es verbindet rund 2,6 Milliarden Christen auf der ganzen Welt –

Protestanten, Katholiken, Orthodoxe, Freikirchliche und andere christliche Gemeinschaften.

Aus dem Lukas-Evangelium:

„Vater unser im Himmel,
geheiligt werde Dein Name.
Dein Reich komme.
Dein Wille geschehe,
wie im Himmel, so auf Erden.
Unser tägliches Brot gib uns heute,
und vergib' uns unsere Schuld,
wie auch wir vergeben unseren Schuldigern.
Und führe uns nicht in Versuchung,
sondern erlöse uns von dem Bösen.
Denn Dein ist das Reich, und die Kraft,
und die Herrlichkeit, in Ewigkeit.
Amen."

Schauen wir uns einmal den Anfang des Gebetes an: „Vater unser im Himmel", sagt Jesus. „Vater unser…" Er sagt nicht: „Fang das Gebet mit meinem Namen an, mit Jesus Christus." Nein, sondern er beginnt mit „Vater unser im Himmel". Damit stellt sich Jesus Christus selbst in den Hintergrund.

Das Vaterunser ist grundlegend für viele andere Gebete, für besondere Anliegen und für besondere Anlässe.

EINFACHE WORTE

Ein Gebet zu sprechen, ist sehr einfach, aber manche Menschen wissen nicht, wie sie beten sollen. Gebete sind Gedanken und Gefühle, die wir an Gott richten, Gedanken des Dankes und der Bitten.

Ein Gebet ist wie Brainstorming mit Gott. Von Wikipedia: Brainstorming ist eine von Alex F. Osborn 1939 erfundene und von Charles Hutchison Clark weiterentwickelte Methode zur Ideenfindung, die die Erzeugung von neuen, ungewöhnlichen Ideen in einer Gruppe von Menschen fördern soll. Er benannte sie nach der Idee dieser Methode, nämlich „using the brain to storm a problem" (wörtlich: Das Gehirn verwenden zum Sturm auf ein Problem). Hilbert Meyer verwendet in Unterrichtsmethoden als Übersetzungsangebot den Begriff „Kopfsalat", der VDS schlägt „Denkrunde" und „Ideensammlung" vor.

Jesus Christus war uns das größte Vorbild an Gehorsam gegenüber dem himmlischen Vater. Seine Worte waren einfach und verständlich. „Denn ich bin nicht vom Himmel herabgekommen, um meinen Willen zu tun, sondern um den Willen dessen, der mich gesandt hat." Johannes 6:38.

Sein ganzes Leben hatte er dem Gehorsam gegenüber seinem Vater geweiht. Es wurde ihm nicht immer leicht gemacht, und er wurde vielmals in allem in Versuchung geführt, genau wie andere Menschen. „Wir haben ja nicht einen Hohenpriester, der nicht mitfühlen könnte mit unserer Schwäche, sondern einen, der in allem wie wir in Versuchung geführt worden ist, aber nicht gesündigt hat." Hebräer 4:15.

Es sind die einfachen Worte von Christus, die mich beeindrucken, weil sie so klar und deutlich sind. Im Garten Getsemani betete er zum Vater und flehte ihn an, die Qual des Sühnopfers von ihm zu nehmen. Er schloss sein Gebet mit den Worten: „Aber nicht wie ich will, sondern wie du willst." Matthäus 6 26:39. Der Apostel Paulus schrieb über Christus: "Obwohl er der Sohn war, hat er durch Leiden den Gehorsam gelernt; zur Vollendung gelangt, ist er für alle, die ihm gehorchen, der Urheber des ewigen Heils geworden." Hebräer 5:8 – 9.

Ein Gebet ist sehr viel mehr als nur die Worte und Gedanken, die wir zu Gott sprechen. Es ist ein Gespräch zwischen Gott und dem, der betet. Bei einem Gebet bringen wir in einfachen Worten unsere Gedanken zum Ausdruck. Gott nimmt sich jedes unserer Gebete an und er erhört jedes aufrichtige Gebet. Wie die Antwort ausfallen mag, das bleibt Gott überlassen. Wie der Erlöser, so sollen auch wir beten, um den Willen des Vaters in Erfahrung zu bringen.

MIT GOTT REDEN

Es kommt der Tag, an dem du mit Gott reden willst. Dabei sind tolle, lange und laute Formulierungen unwichtig, aber das Herz ist wichtig. Gott hat Interesse an deinen Gedanken und Gefühlen. Oft fällt es uns schwer, die richtige Formulierung zu finden, aber Gott versteht uns! Im Gebet nimmt Gott sich unserer Gedanken und Gefühle an, weil er uns kennt. Es sollte uns ein Anliegen sein, mit Gott zu reden, auch wenn wir ihn erst jetzt neu kennen lernen.

Gebete
- das persönliche Gebet
- das Familiengebet
- das Tischgebet
- das öffentliche Gebet

Wann und wo beten wir?
- feste Zeit am Tag: morgens, mittags, abends
- irgendwann
- irgendwo
- unterwegs
- spontan

Für wen beten wir?
- für Gott, der uns zuhört
- für uns selbst

- für eine andere Person
- für eine bestimmte Gruppe von Menschen
- für die Armen und Kranken

Für was beten wir?
- für das Wetter
- für eine bevorstehende Abschlussprüfung
- für eine Arbeit
- für eine Partnerin
- für Gesundheit
- für den Frieden auf der Welt
- für eine bestimmte Sache, die uns wichtig ist

Wie beten wir?
- kniend
- liegend
- sitzend
- stehend
- laufend
- mit offenen und oder geschlossenen Augen
- die Hände gefaltet, den Kopf geneigt und die Augen geschlossen

In welcher Form reden wir mit Gott?
- Bitte
- Lob
- Dank
- Klage

Was ist ein Gebet?
- persönliche Gedanken und Gefühle
- lebendiger Glaube an Gott
- eine klare Entscheidung für Gott
- ehrliche und aufrichtige Äußerungen
- dein Wille geschehe
- ein Lied

Warum ist Beten mit Gott wichtig?
- weil ich in jeder Beziehung einen Austausch brauche
- weil Gott mir zuhört
- weil Gott mir antwortet
- weil ich seine Vergebung erlange
- weil ich seine Liebe fühlen kann

DAS PERSÖNLICHE GEBET

In der Bergpredigt legt uns Jesus Christus ans Herz: „Du aber geh in deine Kammer, wenn du betest, und schließ die Tür zu; dann bete zu deinem Vater, der im Verborgenen ist. Dein Vater, der auch das Verborgene sieht, wird es dir vergelten". Matthäus 6:6.

Am 20. November 1993 schrieb ich meinen Eltern einen Brief. Zu diesem Zeitpunkt befand ich mich im Hamburg, 800 km von der Heimat entfernt.

Hallo Familie Daum!

In letzter Zeit habe ich ein besonderes Zeugnis vom Beten erhalten! Als ich noch daheim wohnte, bin ich oft am Abend spazieren gegangen und habe zum Herrn gebetet. Ich sah den Sternenhimmel funkeln in seiner Schönheit und den Mond leuchten. Ich liebte es hinaus zu gehen und mit Gott zu reden. Ich habe mit Gott wie mit einem Vater gesprochen und ihm gedankt und zu ihm Bitten ausgesprochen. Der Herr ließ viele meiner Bitten nicht in Erfüllung gehen, weil er weiß, was für mich besser ist.

Ich sprach Bitten aus, an deren Erfüllung ich nicht glaubte, aber erlebte, wie der Herr, diese meine Wünsche in Erfüllung gehen ließ. Der Herr ist mit jedem von uns und gibt Antwort auf Gebete, die wir sprechen.

Mama, denk mal an deine Zeit zurück, wie du um Dinge zu Gott gebetet hast, die sich erfüllt haben. Dein Glaube wurde gestärkt und brachte dich näher zu Gott, der sich deiner Wünsche angenommen hat.

Wenn wir um Angelegenheiten beten, die wir erhalten wollen, dann gibt es immer wieder Menschen, die uns das Gefühl geben, dass wir auf dem falschen Weg sind, weil sie nicht an Gott glauben und nur die äußeren Umstände sehen und nicht die geistige Kraft des Gebets und deren Erfüllung durch Gott.

Lieben Gruß an die Familie
Daniel

Meine Eltern schrieben mir eine Woche später einen Brief zurück:

Lieber Daniel,

heute war ein besonderer Sonntag: Ich (mein Vater) hatte eine Ansprache in der Kirche über das Gebet. Ich habe von meinen persönlichen Erfahrungen im Umgang mit dem Beten gesprochen, von den Erfahrungen, die deine Mutter mit dem Beten gemacht hat, und auch von Deinen Erfahrungen mit dem Gebet. Zum Schluss der Ansprache habe ich Deinen letzten Brief, den Du an uns geschrieben hast, vorgelesen. Die Gemeinde hat sich darüber sehr gefreut und einige Mitglieder sind extra zu Mama gekommen und haben ihre Freude zum Ausdruck gebracht, über Dein großes geistiges Wachstum.

Viele Grüße von Mama und Papa

Das persönliche Gebet, bei dem wir allein sind, ist die wichtigste Verbindung zu unserem Vater im Himmel. Im Gebet können wir ganz offen mit dem Vater im Himmel reden, und er gibt uns Antwort, wenn wir zuhören. Gott antwortet uns durch Träume, Gedanken, Gefühle, Schriftstellen, Dienst von Menschen und auf vielen anderen Wegen. Persönliche Gebete sind Gespräche mit Gott, man nennt sie auch lebendiger Glaube. Ein Gebet zu sprechen ist sehr einfach, aber manche von uns wissen nicht, wie sie beten sollen.

Im Gebet bitten, loben, danken und klagen wir in unseren eigenen Worten und Gefühlsäußerungen. Wir sagen das so, wie wir uns im Moment fühlen. Das Beten stärkt jeden von uns und hilft uns, an den Vater im Himmel zu glauben.

Wenn ich bete, knie ich meistens vor mein Bett und fange an mit Gott zu reden: „Vater im Himmel…" An dieser Stelle spreche ich die Worte und Gedanken, die mir in den Sinn kommen.

Nach dem Gebet verweile ich noch einen Moment bei ihm und stehe dann auf und gehe wieder in meinen Alltag. Ein persönliches Gebet kann stumm in Gedanken gesprochen werden oder auch laut, indem man in normaler Lautstärke die Worte äußert. Viele Menschen sprechen ihre Gebete abends vor dem Zu-Bett-Gehen oder morgens, bevor sie die Wohnung oder das Haus verlassen. Ein persönliches Gebet kann man sprechen unabhängig davon, wo man sich in diesem Moment befindet, ob auf dem Fahrrad, im Flugzeug, im Auto, im Wald oder in einem Zimmer.

BITTEN

Bitten werden aus der Hoffnung und oft auch aus dem verzweifelten Wunsch nach einer Besserung der Lebensumstände heraus formuliert. Manchmal besteht ein Gebet nur aus einem Gedanken oder aus einer Frage, die wir haben. Wir bitten Gott um Dinge, von denen wir meinen, dass wir sie brauchen, sowohl um Materielles, Körperliches als auch um Geistiges.

Wir bitten um den Regen, um eine gute Ernte, gute Schulnoten, ein neues Fahrrad und um vieles andere. Ein Gebet fängt meistens mit einem Dank an und dann mit einer Bitte, mit Dingen, die wir uns wünschen. Wir haben viele Bitten und Wünsche, insbesondere, wenn ein Jahr neu anfängt.

So war ein Mann, der eine lange Liste mit Neujahrsvorsätzen aufgestellt hatte, einmal recht guter Dinge, was seinen Fortschritt betraf. „Bis jetzt habe ich mich daran gehalten, weniger zu essen", dachte er bei sich. „Ich bin nicht aus der Haut gefahren, habe mein Konto nicht überzogen und mich kein einziges Mal über den Hund des Nachbarn beschwert. Allerdings ist heute erst der 2. Januar, der Wecker hat gerade erst geklingelt, und ich bin dabei, aufzustehen. Da muss schon ein Wunder geschehen, damit diese Erfolgsserie anhält."

Eine junge Frau zog in eine neue Stadt in eine kleine Wohnung. Sie fühlte sich fremd, einsam und verlassen. Sie betete zu Gott: „Vater im Himmel, bitte zeige mir einen jungen Mann, den ich kennen lernen kann." Ihr Gebet kam von Herzen und sie wiederholte es oft.

Einige Tage später zog ein junger Mann in die Wohnung nebenan ein. Dieser junge Mann war wunderbar: Er hatte eine tolle Arbeit, war immer sehr freundlich zu seinen Mitmenschen und er ging am Sonntag zur Kirche.

Nach zwei Jahren zog der junge Mann aus seiner Wohnung aus, in eine andere Stadt. Die beiden, die junge Frau und der junge Mann, sind sich im Treppenhaus viele Male über den Weg gelaufen, sie haben sich gesehen und begrüßt. Aber nie haben die beiden wirklich miteinander geredet, sich wirklich angeschaut und kein Mal haben die beiden sich die Zeit genommen, sich richtig kennen zu lernen. Gott hat das Gebet der jungen Frau erhört, aber sie hat diese Gebetserhörung nicht erkennen können oder wollen; man weiß es nicht so genau.

Oft bitten wir Gott, aber sehen nicht oder wollen nicht erkennen, wie Gott die Wünsche erfüllt, weil wir uns von vielen Dingen ablenken lassen und unsere eigene Vorstellung von dem haben, wie sich etwas erfüllen soll.

Wenn wir Gott bitten, sollten wir uns immer bemühen zu erkennen, wenn er unsere Bitte, unseren Wunsch erfüllt. Man kann sogar lernen zu erkennen, wie Gott von Anfang an bis zum Ende einen Wunsch in Erfüllung gehen lässt. Wünsche gehen manchmal schnell in Erfüllung, manchmal aber auch sehr langsam. Manchmal geschieht es genauso, wie wir es wollen, aber oft auch so, wie Gott es will.

Ein Soldat im zweiten Weltkrieg lag im Graben, während der Feind mit Granaten auf seine Stellungen feuerte. Viele Stunden wurden seine Kameraden und er vom Feind unter Beschuss genommen. Er sah viele seiner Kameraden sterben. Der Soldat betete zu Gott und sagte: „Vater im Himmel, lass mich am Leben! Wenn ich unversehrt vom Krieg nach Hause komme, werde ich jedem von dir erzählen, von deiner großen Liebe, Güte und Gnade."

Ein paar Stunden später zog der Feind weiter und das Granatenfeuer endete. Der Soldat und nur ein paar seiner Kameraden hatten überlebt.

Als der Krieg vorbei war, kehrte der Soldat unversehrt zurück in seine Heimat. Das Versprechen, das er Gott gegeben hatte, als er im Graben lag, löste er nicht ein. Er kam nach Hause und erzählte niemandem davon.

Auch ich verspreche Gott Dinge, wenn er mir hilft, und Gott hat mir geholfen, und ich habe meine Versprechen nicht eingehalten. Mein Stolz lässt mich dann denken: „Ach ja, das wäre doch auch so passiert, auch ohne Gott." Gott möchte aber von mir, dass ich die Versprechen einhalte, die ich ihm gebe.

„Bittet, dann wird euch gegeben; sucht, dann werdet ihr finden; klopft an, dann wird euch geöffnet. Denn wer bittet, der empfängt; wer sucht, der findet; und wer anklopft, dem wird geöffnet. Oder ist einer unter euch, der seinem Sohn einen Stein gibt, wenn er um Brot bittet, oder eine Schlange, wenn er um einen Fisch bittet? Wenn nun schon ihr, die ihr böse seid, euren Kindern gebt, was gut ist, wie viel mehr wird euer Vater im Himmel denen Gutes geben, die ihn bitten."
Matthäus 7:7 – 11.

LOB UND DANK

Loben und Danken im Gebet ist wichtig, um mit Gott dauerhaft in Verbindung bleiben zu können. Der Mensch soll sich über seine momentane Lebenssituation freuen und Gott dafür danken. Bitten fällt uns leichter, als danke zu sagen, aber beides ist wichtig, Gott zu bitten und zu danken.

Danke zu sagen, öffnet einem viele Türen im eigenen Heim, in der Kirche, bei der Arbeit, im

Kindergarten, in der Schule, im Sportverein und auf der Straße.

Eine 29-jährige Mutter schrieb mir einen Brief, in dem sie ihren Dank über ihre Kinder zum Ausdruck brachte:

"...unser ältester Sohn (von vier Söhnen) ist am 09.11.1993 sechs Jahre alt geworden. Er geht noch in den Kindergarten, eingeschult wird er erst im nächsten Jahr. Heute war ich bei seiner vierten Schwimmstunde dabei. Es ist einfach toll, wie schnell Kinder lernen und wie viel Spaß sie dabei haben. Ich bin unserem himmlischen Vater so dankbar für unsere Kinder. Gerade unser Ältester ist mir oft ein großes Vorbild. Er ist sehr geistig und feinfühlig und spürt sofort, wenn es einem von uns nicht gut geht. Wenn ich mit ihm schimpfe (leider oft unbegründet), dann nimmt er meinen Kopf in seine Hände, gibt mir einen Kuss und sagt mir, dass er mich lieb hat. Unsere Zwillinge sind schon eineinhalb Jahre und wirklich gut dabei. Vor ihnen ist nichts mehr sicher und wenn es plötzlich ruhig wird, dann ist wieder irgendetwas im Busch..."

Dietrich Bonhoeffer 1906 – 1945, deutscher Theologe: „Im normalen Leben wird einem oft gar nicht bewusst, dass der Mensch überhaupt unendlich viel mehr empfängt, als er gibt, und dass Dankbarkeit das Leben erst reich macht."

Dankgebete heilen unseren Körper und unseren Geist, indem wir Bedrängnisse und Ängste loslassen.

Dankgebete helfen uns, schwermütige und belastende Gedanken in Hoffnung umzuwandeln.

Dankgebete machen uns reich an guten Ideen, die wir mit Gott umsetzen können.

Dankgebete sind die beste Verbindung zu Gott, schneller als jede Internetverbindung.

Dankgebete öffnen Türen und bereichern unser Lebensumfeld in einem Ausmaß, wie wir es uns nicht vorstellen können.

Dankgebete geben uns innere und äußere Zufriedenheit.

Dankgebete erweitern unseren Freundeskreis.

Das wichtigste und bedeutendste, das wir in unserem Gebet oft vergessen, ist danke zu sagen! Auch mir fällt es schwer, aber manchmal spreche ich ein Gebet, nur um dem Herrn für eine Sache zu danken.

„Das Leben ist wichtiger als die Nahrung und der Leib wichtiger als die Kleidung. Seht auf die Raben: Sie säen nicht und ernten nicht, sie haben keinen Speicher und keine Scheune; denn Gott ernährt sie. Wie viel mehr seid ihr wert als die Vögel!" Lukas: 12:23,24.

Ich danke Gott, dass ich dieses Buch schreiben darf. Es ist nicht mein Buch, es ist sein Buch! Eigentlich wollte ich kein zweites Buch schreiben, weil mir das Schreiben sehr schwer fällt und ich sehr viele Rechtschreibfehler mache.

Anfang Oktober 2014 kam mir der Gedanke ein Buch über das Beten zu schreiben. Wie von allein schrieb ich los, als ob schon alle meine Gedanken immer in meinem Kopf waren, die nur darauf gewartet hatten, niedergeschrieben zu werden. Ich schrieb und konnte nicht aufhören. Die Tage vergingen und es wurde immer mehr Text. Ich hatte zwei dicke Ordner, in denen ich alles sammelte. Ich schrieb, recherchierte, kopierte, schnitt und schrieb weiter. Viele Erlebnisse hatte ich schon vor längerer Zeit aufgeschrieben, ohne dass ich wusste, dass ich diese Texte für ein Buch gebrauchen würde. Innerhalb kurzer Zeit war dieses Buch geschrieben.

Ich danke Gott für diesen Auftrag, für seine Hilfe und für die Fertigstellung des Buches.

Da führte Gott Abraham aus dem Zelt. „Schau zu den Sternen hinauf!", sagte er. „Kannst du sie zählen? Ich verspreche dir, Abraham: Du wirst ei-

nen Sohn bekommen und Enkelkinder haben. Und eines Tages werden deine Nachkommen so zahlreich sein wie die Sterne am Himmel!"
1. Mose 15:5.

Gott liebt uns so grenzenlos wie die Sterne am Himmel. Ich danke Gott für seine Liebe!

KLAGEN

Wer im Gebet klagt, drückt damit vor Gott seine Verzweiflung in Begleitung von Angst und Zorn aus. Der klagende Mensch fühlt sich von Gott entfernt, er ist verzweifelt, aber er vertraut trotzdem darauf, die Hilfe von Gott zu bekommen, weil er betet.

Wenn wir klagen und mit jemanden reden, den wir nicht sehen, dann beginnen wir ein Gebet mit Gott. Viele Nichtchristen, aber auch Christen, die zum ersten Mal beten, fangen mit klagenden Sätzen an. Viele Christen klagen nicht, wenn sie beten, weil sie der Ansicht sind, dass man so etwas nicht macht. Sie sind der Meinung: „Ich darf nicht klagen, wenn ich mit Gott rede."

Klagen ist etwas Gutes und es ist richtig und wichtig, damit alles Negative aus uns heraus kann, damit wir dann mit Gott auf einer positiven Ebene weiter reden können. Gott hört sich auch gerne unsere Klagen an, ohne dass wir deswegen Ärger von ihm bekommen. Ich persönlich habe oftmals ein so gutes Verhältnis zu Gott, dass ich weiß, dass ich auch klagen darf, wenn ich mit ihm rede.

Zu viel, immer wiederkehrendes und andauerndes Klagen tut wiederum der Beziehung zwischen mir und Gott nicht gut. Wir entfernen uns von Gott und auch von den Menschen um uns herum. Menschen, die viel klagen, sind allein, einsam, unglücklich und werden gemieden, da keiner mit ihnen reden möchte.

Eine Frau sagte mir mal, sie habe im Gebet mit Gott geklagt, dann innegehalten und eine Runde geweint. Nach den Tränen ging es ihr wieder viel besser. Tränen sind besser als viele Worte.

FAMILIENGEBET

Wir sollen das Familiengebet zu einem festen Bestandteil unseres Lebens machen. Jeden Morgen und jeden Abend sollen wir gemeinsam demutsvoll niederknien, jedem Familienmitglied oft die Möglichkeit geben, das Gebet zu sprechen, und uns im Dank für die Segnungen vereinen, die uns der Vater im Himmel gewährt hat. Wir sollen uns auch im Glauben vereinen, um die Segnungen zu erflehen, die wir brauchen, und um für andere zu beten.

Eine wunderbare Familie mit sechs Kindern aus Angola lebt seit vielen Jahren in Deutschland. Diese Familie ist eine glaubensstarke Familie, in der das Familiengebet ein wichtiger Bestandteil des Glaubens ist. Man muss sich das so vorstellen: Mein Vater und ich sitzen auf dem kleinen Sofa und die Familie sitzt auf dem großen Sofa und in der Mitte des Raumes und um uns herum spürt man den Geist und die Liebe dieser wunderbaren Familie. Mein Vater und ich besuchen diese Familie sehr gerne.

TISCHGEBET

„Das christliche Tischgebet hat seine Wurzeln in der jüdischen Berachá: Gepriesen (baruch) bist du, JHWH unser Gott, Schöpfer der Welt, für Speise und Trank: Durch sie gewährst du uns Leben und Freude." https://de.wikipedia.org/wiki/Tischgebet

Es ist Essenszeit und die Speisen stehen auf dem Tisch bereit. Die Familienmitglieder sind alle am Tisch versammelt. Jeder schaut jeden an, bis der Vater jemanden bestimmt, wer beten soll. Das Tischgebet ist Teil einer schönen und entspannten Atmosphäre beim Mahl, das man einnimmt.

Mit unserem Urgroßvater, unseren Eltern und uns acht Kindern waren elf Personen am Tisch. Beim Tischgebet hat immer unser Opa (so wie wir ihn alle nannten) bestimmt, wer es sprechen darf. Wir Kinder saßen am Tisch und schauten alle ungeduldig, weil wir essen wollten, zum Opa, um zu wissen, wer beten durfte. Nachdem der Name aufgerufen worden war, wurde gebetet. Unser Urgroßvater und unser Vater sprachen die längsten und ausführlichsten Tischgebete. Ich kann mich noch erinnern, während das Gebet gesprochen wurde, haben wir Kinder uns oft angeschaut, indem wir kurz die Augen aufmachten; man nennt dies auch blinzeln. Und erst als das „Amen" gesprochen war, durften alle mit dem Essen anfangen.

Bei einem Tischgebet wird die Speise gesegnet, die auf dem Tisch steht, und man dankt Gott für das gute und reichliche Essen.

Tischgebete werden meistens frei gesprochen, wie es einem in den Sinn kommt. Ein Tischgebet sollte nicht zu lange dauern, weil die Wartenden am Tisch Hunger haben, wenn das warme und gut riechende Essen direkt vor einem steht.

„Komm, Herr Jesus, sei du unser Gast und segne, was du uns bescheret hast."

ÖFFENTLICHES GEBET

Man bittet den einen oder anderen gelegentlich, in der Öffentlichkeit ein Gebet zu sprechen, beispielsweise in einer Versammlung, bei einer Veranstaltung oder in einer Klasse in der Kirche.

In der Öffentlichkeit spricht ein Mann, eine Frau oder ein Kind ein Gebet, während die anderen im Inneren den geäußerten Gedanken zuhören und mitbeten und so das Gebet zu ihrem eigenen machen. Mit dem „Amen" am Ende des Gebetes bekunden die Zuhörer ihre Zustimmung zu dem, was gesagt wurde.

Wir sollten zu solch einem Anlass nicht vergessen, dass wir mit dem himmlischen Vater sprechen und keine Predigt halten. In einer Gemeinde wurde eine Versammlung mit einem Gebet geschlossen. Der Betende hat lange gebetet, so lange, wie die Dauer einer Ansprache. Nach dem Gebet ist der Gemeindepräsident zum Pult gegangen und hat selbst noch einmal gebetet, ein kurzes Schlussgebet.

Wir sollen uns keine Gedanken darüber machen, was andere über das denken, was wir sagen. Vielmehr sollen wir ein einfaches und kurzes Gebet sprechen, das von Herzen kommt. „Wenn ihr betet, sollt ihr nicht plappern wie die Heiden, die meinen, sie werden nur erhört, wenn sie viele Worte machen." Matthäus 6:7.

„Der Pharisäer stellte sich hin und sprach leise dieses Gebet: Gott, ich danke dir, dass ich nicht wie die anderen Menschen bin, die Räuber, Betrüger, Ehebrecher oder auch wie dieser Zöllner dort." Lukas 18:11.

Selbstgerechte oder sich selbst rechtfertigende Gebete sind bei Gott nicht gültig. Sie verfehlen ihre Wirkung.

DU UND GOTT

EIN IDEALER ORT

"Seid stille und erkennt, dass ich Gott bin!"
46. Psalm, Vers 11.

"Der Weg zu allem Großen geht durch die Stille." Friedrich Nietzsche (1844 – 1900), deutscher Philosoph.

Die Stille ist der Anfang eines Gebetes, das wir zum Vater im Himmel sprechen. In der Stille begegnen wir Gott, der alles erschaffen hat, der uns heilt und segnet. Diese Ruhe vor, während und nach dem Gebet hilft uns, Gott einzuladen und ihm für alles zu danken.

Bete und du wirst erkennen, wie Gott deinem Leben einen Sinn gibt. Ein Gebet ist ein Dialog zwischen dir und Gott!

Da, wo Stille ist, findet man einen Ort der Besinnung und des Gebetes. Einen Ort der Stille finden wir auch in unserem Zimmer, wenn wir die Türe schließen und uns vor dem Bett hinknien. Einen Ort der besonderen Stille finden wir in der Natur.

An einem stillen Ort kann man verlorene Zeit wieder gut machen. Zeit, die man eigentlich nicht hat, aber die wir uns nehmen sollen. Zeit für ein Gebet, für ein Gespräch mit Gott, ist keine verlorene Zeit! Stille heilt seelische, geistige und körperliche Verletzungen. In der Stille mit Gott erholt sich der Mensch am besten. Einen stillen Ort zum Beten findet man in jedem Lebensumfeld, in dem man lebt.

„Viel vermag das inständige Gebet eines Gerechten." Jakobus 5:16.

Lindenberg liegt bei Sankt Peter im Schwarzwald. Wenn ich zu meiner Haustür heraus gehe, sehe ich diese wunderbare Kirche auf einem Berg etwa 700 m ü.d.M. Dies ist ein besonders schöner Ort der Ruhe und Stille, durch die besondere Lage in Augenhöhe mit den Bergen des Südschwarzwalds und weit oben über dem Dreisamtal mit Aussicht auf den Feldberg, nach Freiburg im Breisgau, in die Rheinebene und bei klarer Sicht auf das Vogesengebirge im Elsass.

Die Kirche entstand durch eine Gebetserhörung des Bauern Pantaleon Mayer. Seine Tiere drohten, durch eine Viehseuche, zu sterben. Sein Viehbestand reduzierte sich, daraufhin fing er an zu beten. Sein Gebet wurde von Gott erhört. Der Bauer war voll Dankbarkeit und damit begann der Bau der Kirche von Lindenberg um 1497.

Das Leben in seiner ganzen Vielfalt zu erfassen, fällt uns schwer, weil der Lärm um uns herum immer lauter wird und wir kaum noch in der Lage sind, das „Einfache" zu hören. Vor vielen Jahren ging John Burroughs, ein Naturliebhaber, abends durch einen belebten Park. Neben den Geräuschen des Stadtlebens hörte er das Lied eines Vogels. Er hielt inne und lauschte. Die Menschen, die bei ihm waren, hatten es nicht gehört. Er blickte um sich. Auch kein anderer hatte es vernommen. Es betrübte ihn, dass alle etwas so Schönes offenbar überhörten.

Er nahm eine Münze aus der Tasche und warf sie in die Luft. Klingend fiel sie auf das Pflaster, doch keinesfalls lauter als der Gesang des Vogels. Da wandte sich jeder um. Das konnten sie hören! Es ist schwer, aus allem Stadtlärm Vogelgesang herauszuhören. Aber man kann ihn hören, wenn man will. Es ist auch schwer, bewusst im Hier und Jetzt zu leben und das Gute und Schöne in uns aufzunehmen und es als real und wahr zu empfinden. Auch dies ist lernbar, wenn man will. Alles Gute erfahren wir jetzt und alles Schöne erleben wir jetzt.

IM VERBORGENEN

„Wenn du Almosen gibst, soll deine linke Hand nicht wissen, was deine rechte tut. Dein Almosen soll verborgen bleiben und dein Vater, der auch das Verborgene sieht, wird es dir vergelten." Matthäus 6:3 – 4.

„Du aber geh in deine Kammer, wenn du betest, und schließ die Tür zu; dann bete zu deinem Vater, der im Verborgenen ist. Dein Vater, der auch das Verborgene sieht, wird es dir vergelten." Matthäus 6:6.

GOTT GIBT ANTWORT

„Der Erretter hat gesagt: „Bittet, dann wird euch gegeben; sucht, dann werdet ihr finden; klopft an, dann wird euch geöffnet. Denn wer bittet, der empfängt; wer sucht, der findet; und wer anklopft, dem wird geöffnet." Matthäus 7:7,8.

Der himmlische Vater hört unsere Gebete. Er antwortet vielleicht nicht immer so, wie wir es erwartet haben, aber er gibt Antwort – nach seinem Zeitplan und nach seinem Willen. Weil er weiß, was für uns am besten ist, lautet die Antwort manchmal vielleicht Nein, selbst wenn unsere Bitten aufrichtig waren.

Antworten auf ein Gebet können ganz unterschiedlich sein. Oft kommt die Antwort durch die sanfte, leise Stimme des Heiligen Geistes („Offenbarung"). Vielleicht finden wir sie auch darin, wie unsere Lebensumstände sich entwickeln, oder wir erkennen sie in guten Taten unserer Mitmenschen. Je mehr wir uns dem himmlischen Vater im Gebet nahen, desto besser werden wir seine barmherzigen und weisen Antworten auf unser Flehen erkennen.

Wir werden feststellen, dass Gott unsere „Zuflucht und Stärke [ist], ein bewährter Helfer in allen Nöten." Psalmen 46:2.

Ich bin in vielerlei Hinsicht gesegnet und doch gibt es Zeiten, in denen ich mich frage „Wo bist du Gott?" Und dann gehe ich auf die Suche, um Gott zu finden. In meiner Bedrängnis fand ich oft die Antwort auf diese Frage. Gott ist überall da, wo wir seine Liebe spüren und seine Segnungen erfahren. Er ist dann bei uns, wenn wir seinen Frieden verspüren.

In Afrika gab es einmal einen Farmer, der Kartoffeln setzen wollte, obwohl dies der heißeste Sommer seit Jahren war und es schon lange nicht mehr geregnet hatte. Alle rieten ihm davon ab, Kartoffeln zu setzen, seine Familie, seine Freunde und seine Bank.

Der Farmer glaubte und fing an zu setzen und bewässerte seine Felder, solange es Wasser gab. Als er kein Wasser mehr hatte, vertraute er auf Gott. Der Farmer glaubte und handelte. Nach weiteren vier Monaten ging der Vater von drei Kindern auf sein Feld und hob die Kartoffeln aus der Erde. Zum Erstaunen aller waren es viele und sehr große Kartoffeln.

Die Ernte war die beste seit Jahren. Alle anderen Farmer hatten keine Ernte, weil sie nichts gesetzt hatten.

Glaube führt zum Handeln und glauben bedeutet oftmals, dass wir nicht immer wissen, wie etwas geschehen soll, um das wir Gott bitten. Der Glaube verlangt, dass wir Gott bei uns haben und dass wir ihm vertrauen, auch wenn er anderes mit uns vorhat.

Wir bitten Gott um etwas und unser Verstand sagt: „Nein, das geht nicht!" Aber Gott kann das Vergangene, das Gegenwärtige und das Zukünftige sehen. Gott kann um ein paar Ecken sehen, deshalb kann er unsere Wünsche erfüllen.

Gott antwortet und hilft uns. Wir brauchen ihn nur zu bitten und Glauben zu haben.

Eine Mutter ging mit ihrem Sohn mit Verdacht auf Gehirnerschütterung zur Klinik, weil er auf dem Schnee ausgerutscht und mit dem Kopf auf dem Boden gefallen war.

Es war der erste Schnee in diesem Jahr. Viele hatten sich verletzt, deshalb betrugen die Wartezeiten in der Klinik bis zu sechs Stunden. Der kleine Junge und die Mutter wollten nicht so lange warten. Die Mutter betete zu Gott: „Es gibt viele Menschen hier, die deine Hilfe brauchen. Bitte hilf uns, dass wir bald dran kommen." Die Mutter wusste von ihrem Verstand her, dass es unmöglich war, dass Gott ihr diesen Wunsch erfüllen konnte. Es waren noch viele Patienten vor ihren Sohn an der Reihe.

Nach einer Stunde ging sie mit ihrem Sohn an die Pforte, um zu sagen, dass sie nach Hause gehen und später wieder zurück kommen würden. Die Frau an der Pforte bat sie um einen Moment Geduld, telefonierte mit der Kinderstation, sprach ein paar Sätze und legte dann den Hörer wieder auf. Sie sagte zu der Mutter, sie könne mit ihrem Sohn auf die Kinderstation gehen, wo sie erwartet würden. Die Stationsärztin nahm die beiden in Empfang und untersuchte den Jungen gründlich. Nach der Untersuchung musste er zur Beobachtung für eine Nacht aufs Stationszimmer.

Wie erstaunlich es doch ist, was ein Gebet im Glauben bewirken kann, wie Gott über allem steht. Mit Gott werden Gebete erhört, auch wenn unser Verstand dagegen spricht.

IRGENDWO DA DRAUSSEN

Auch wenn wir es nicht sehen, können wir doch fühlen, wenn Gott in unserem Leben wirkt. Strom kann man auch nicht sehen. Aber wenn im Winter die Stromleitungen gefroren sind und der Strom durch die Leitungen fließt, kann man den Strom hören.

Unsere Sehnsucht ist auf etwas irgendwo da draußen gerichtet. Wenn wir die Erfüllung dieser Sehnsucht suchen und uns an Gott wenden, werden wir sie finden. Wir bekommen auf unsere Fragen eine Antwort von Gott. Und wenn wir Antworten bekommen, dürfen wir uns gesegnet fühlen und uns freuen.

„Der Klang des Herzens" Film-Beschreibung aus dem iTunes Store:

„Lyla (Keri Russell) ist eine Ausnahme-Cellistin, Louis (Jonathan Rhys Meyers) ein irischer Rockmusiker. Eine einzige, magische Nacht über den Dächern von New York ändert für beide alles. Aber Lylas ehrgeiziger Vater trennt die Liebenden voneinander. Schlimmer noch: Als die hochschwangere Lyla einen Unfall erleidet, lässt er sie in dem Glauben, sie habe eine Fehlgeburt erlitten… Einige Jahre später schlägt sich ein kleiner Junge (Freddie Highmore) als Strassenmusiker durch den Big Apple. Er nennt sich August Rush und erfreut mit seinem außergewöhnlichen Talent die Passanten am Washington Square. Das erregt auch die Neugier des zwielichtigen Vagabunden Wizard. Er versteht es geschickt, sich die musikalische Begabung des Jungen zunutze zu machen. Doch klingende Münzen im Gitarrenkasten interessieren den kleinen August wenig.

Was ihn antreibt, ist viel mehr die Stimme seines Herzens und der sehnsüchtige Wunsch, irgendwo da draußen seine Eltern, die er nie kennen gelernt hat, auf sich aufmerksam zu machen..."

„Ich bin der gute Hirt; ich kenne die Meinen und die Meinen kennen mich, wie mich der Vater kennt und ich den Vater kenne; und ich gebe mein Leben hin für die Schafe. Ich habe noch andere Schafe, die nicht aus diesem Stall sind; auch sie muss ich führen und sie werden auf meine Stimme hören; dann wird es nur eine Herde geben und einen Hirten." Johannes 10:14 – 16.

DIE GEBETSERHÖRUNG

„So betete sie lange vor dem Herrn. Eli beobachtete ihren Mund; denn Hanna redete nur still vor sich hin, ihre Lippen bewegten sich, doch ihre Stimme war nicht zu hören. Eli hielt sie deshalb für betrunken und sagte zu ihr: Wie lange willst du dich noch wie eine Betrunkene aufführen? Sieh zu, dass du deinen Weinrausch los wirst! Hanna gab zur Antwort: Nein, Herr! Ich bin eine unglückliche Frau. Ich habe weder Wein getrunken noch Bier; ich habe nur dem Herrn mein Herz ausgeschüttet. Halte deine Magd nicht für eine nichtsnutzige Frau; denn nur aus großem Kummer und aus Traurigkeit habe ich so lange geredet. Eli erwiderte und sagte: Geh in Frieden! Der Gott Israels wird dir die Bitte erfüllen, die du an ihn gerichtet hast. Sie sagte: Möge deine Magd Gnade finden vor deinen Augen. Dann ging sie weg; sie aß wieder und hatte kein trauriges Gesicht mehr. Am nächsten Morgen standen sie früh auf und beteten den Herrn an. Dann machten sie sich auf den Heimweg und kehrten in ihr Haus nach Rama zurück. Elkana erkannte seine Frau Hanna; der Herr dachte an sie, und Hanna wurde schwanger. Als die Zeit abgelaufen war, gebar sie einen Sohn und nannte ihn Samuel, denn (sie sagte): Ich habe ihn vom Herrn erbeten." 1 Samuel 1:12 – 20.

In Lukas 15:8 – 10 lesen wir das Gleichnis einer Frau, die den Silbergroschen suchte, den sie verloren hatte. Sie fand diese wertvolle Münze wieder.

Wenn wir Gott um eine Gebetserhörung bitten, sollen wir unsere einfachen Gedanken und Worte klar und deutlich formulieren.

Wenn wir nicht bitten, erhalten wir auch keine Gebetserhörung. Dies ist unsere eigene Schuld, weil wir Gott nicht gebeten haben. „Ihr erhaltet nichts, weil ihr nicht bittet." Jakobus 4:2.

Die Freude in uns ist groß, wenn Gott ein Gebet erhört.

„Wir haben ihm gegenüber die Zuversicht, dass er uns hört, wenn wir etwas erbitten, das seinem Willen entspricht. Wenn wir wissen, dass er uns bei allem hört, was wir erbitten, dann wissen wir auch, dass er unsere Bitten schon erfüllt hat." 1 Johannes 5:14 – 15.

MILCH UND ZITRONE

Ich stand mal wieder in der Küche und kochte eine selbstkreierte Kräuterkäsesoße. In einen Topf gab ich neutralen Schmelzkäse, verschiedene Kräuter, einen halben Liter Milch, Salz, Pfeffer, Paprika und einen Teelöffel Zucker. Alles wurde auf kleiner Flamme verrührt. Nebenbei kochten die Spaghetti im Salzwasser.

Ich probierte die Soße, sie war sehr schmackhaft. Aber irgendetwas fehlte noch. Also nahm ich eine halbe Zitrone, presste sie aus und fügte den Saft zur Soße hinzu. Nun ging alles sehr schnell: Als der Zitronensaft in der Soße war, gerann die Milch und die Soße sah aus, als ob sich jemand übergeben hätte.

Ich hatte gehofft, dass die Zitrone die Soße geschmacklich verbessern würde, aber es kam anders. Wenn man zu Milch Zitronensaft hinzufügt, so gerinnt die Milch.

Ich hatte Hunger und habe deswegen die Spaghetti auch ohne Soße gegessen. Wir müssen uns den chemischen, physikalischen, mathematischen und biologischen Grundgesetzen unterordnen, ob wir es wollen oder nicht. Manchmal denken wir nicht an die Gesetzmäßigkeiten, denen wir unterworfen sind. Aber wir werden immer wieder daran erinnert, wenn wir diese Gesetze außer Acht lassen, wie zum Beispiel die Schwerkraft. Auch Gott unterwirft sich den Gesetzmäßigkeiten. Eine Gesetzmäßigkeit ist u. a. auch die Entscheidungsfreiheit des Menschen, die Gott achtet.

Wenn wir zu ihm beten, entscheiden wir uns für ihn. Wir sind bereit, unser Leben in seine Hände zu legen, so dass er uns führen und leiten und somit unserem Leben eine Richtung geben kann.

EGAL, WO DU BIST

Mit der Trennung vom Mutterleib werden wir ein Kind dieser Erde. Geist, Verstand und Körper stehen am Anfang ihrer irdischen Entwicklung. Wir entwickeln uns von Stunde zu Stunde, von Tag zu Tag und von Jahr zu Jahr zu einer Persönlichkeit. Unser Selbst entwickelt sich aus Vernunft, Verstand, Geisteshaltung, Entscheidungsfreiheit und Lebenserfahrungen, die wir täglich machen. Egal, wo wir uns auf dieser Erde befinden, uns allen sind innere und äußere Entwicklungsmöglichkeiten gegeben.

Gott und wir selbst können unserem Leben eine Richtung geben, in die wir uns entwickeln wollen. Es gibt viele Menschen auf dieser Erde, denen es schlechter ergeht als uns, und Schicksalsschläge fordern einen Menschen heraus. Aber uns alle vereint, dass wir uns dem Leben in der Gegenwart sowie im Alltag stellen müssen. Wir alle treffen Entscheidungen und machen Erfahrungen, die individuell und doch sehr ähnlich sind.

Bist du dir jemals so unbedeutend vorgekommen, dass du meintest, Gott schenke deinen Gebeten keine Beachtung? Es ist egal, wo du bist, wo deine Heimat auf dieser Erde ist: Gott ist überall da, wo ein Mensch ihn im Gebet ruft mit Worten, Gedanken und Gefühlen.

Wenn in Mexiko jemand betet, so hört Gott ihm zu. Wenn zur gleichen Zeit in Deutschland jemand betet, so hört Gott auch ihm zu.

In São Paulo in Brasilien kommt ein kleines Mädchen zur Welt; gesund und kraftvoll schreit es zum ersten Mal. Die Mutter und der Vater freuen sich sehr über ihre kleine Tochter. Zur gleichen Zeit kommt auch in Vancouver in Kanada ein Baby auf die Welt, ein kleiner Junge, der so laut schreit, dass jeder im Krankenhaus weiß, dass er auf die Welt gekommen ist. Die Eltern des Jungen sind sehr stolz auf ihren kleinen Schreihals.

In Südafrika sitzt ein Bauer am Rande seines Feldes und schaut genussvoll der untergehenden Sonne nach. Er sieht, wie die letzten Strahlen vom Tag Abschied nehmen. Zur gleichen Zeit sitzt ein junger Mann im hohen Norden in Schweden auf einem groß gewachsenen Baum, überblickt das Tal, in dem er wohnt, und sieht wie die Sonne am Horizont allmählich verschwindet.

Sakura lebt in Japan und geht einem Job nach, der ihr gut gefällt. Am Anfang einer neuen Woche kommt ihr Chef auf sie zu und gibt ihr eine Gehaltserhöhung von 10 %. Sakuras Begeisterung und Motivation steigen enorm. Marina, eine junge Frau aus Neuseeland, lebt auf dem Land. Sie ist seit fünf Jahren als Bürokraft einer großen Firma tätig. Marina arbeitet viel und will immer sehr gut und schnell sein. Ihr Lohn ist nicht sehr hoch, aber sie bekommt zum Jahreswechsel 5 % mehr Gehalt. Darüber freut sie sich sehr.

Die große Liebe gibt es in der Welt überall und jeder wünscht sich, geliebt zu werden. Auch Anna, eine ältere Frau aus Venezuela, fand die Liebe in einem jüngeren Mann, der ihr Sohn sein könnte. Ana ist selbstbewusst und lebenserfahren. Sie war einmal verheiratet, aber die Ehe war keine gute Zeit und sie erinnert sich nicht gerne daran. Sie glaubt an Gott und an das Gute im Leben. Wenn sie morgens aufsteht und in den Stall geht, um die Kühe zu melken, dankt sie Gott für ihr Leben und für die Erfahrungen, die sie machen durfte.

John steht in New York auf der Plattform des Empire State Buildings 381 Meter über der Erde und sieht die große Weite des Horizonts. Er denkt über seine große Liebe nach, die er sich lange ersehnte und die sich nun zu erfüllen scheint. Seine Gedanken sind gut und angenehm für sein Herz.

In Südkorea träumt ein junges Mädchen von der großen Weite dieser Welt. Sie lebt in einem wohlhabenden Elternhaus. Ihre Eltern betreiben ein kleines Hotel am Rande von Seoul, das sehr gut läuft. Das junge Mädchen will von der Welt etwas sehen. Sie geht nach dem Schulabschluss nach Europa und reist in verschiedene Länder.

ER LIEBT DICH SO WIE DU BIST

Mutter Teresa pflegte zu sagen: „Die schlimmste Krankheit ist heutzutage nicht Lepra oder Aids, sondern das Gefühl, ungewollt und verlassen zu sein."

„Er zog einen Kreis und schloss mich aus. Als Ketzer und Rebell traf mich sein Spott. Doch die Liebe und ich wir siegten allein. Wir zogen den Kreis weiter und ihn mit hinein." Ein Gedicht von Edwin Marcum.

Ein Vater sagte einmal zu seiner Tochter: „Es gibt jemanden, dem du wichtig bist. Das sind vielleicht nicht immer die Menschen, von denen du dir das wünscht. Aber es gibt immer jemanden, der da ist und dem du wichtig bist."

Gott liebt alle seine Kinder, auch diejenigen, die eine geistige, seelische oder körperliche Behinderung haben. Eine angeborene Behinderung kann eine Veranlagung im Erbgut sein und ist keine Strafe von Gott! Um es klar zu stellen: Menschen, die eine Behinderung haben, liebt Gott genauso wie jedes andere seiner Kinder. Gott bestraft die Menschen nicht mit einem Fluch, auch nicht mit einer Behinderung. Gene, Natur, Lebensumstände verursachen, dass es Menschen gibt, die eine Behinderung haben. Es ist schwerer, mit einer Behinderung durch das Leben zu gehen, als ohne, aber alle brauchen Gottes Hilfe. Im persönlichen Gebet hilft Gott uns auf die Weise, die wir verstehen.

Ein sehr guter Freund von mir hat 1992 folgendes mit seiner Schreibmaschine zu Papier gebracht:

„Daniel ist ein liebenswürdiger Mann, der Vorbildfunktionen einnimmt. Trotz seiner körperlichen Behinderung, Kleinwuchs mit einer Körpergröße von 130 cm, versucht er, ein ganz normales Leben zu führen. Er gibt gut vorbereitete Ansprachen und Klassen. Er verfolgt und erreicht großartige Ziele in seiner Berufsausbildung! In seinem Lehrlingswohnheim setzt er hohe Maßstäbe, um sich gegen Gleichaltrige durchzusetzen. In seinem Bekanntenkreis ist er missionarisch aktiv und hat schon Freunde zum Gottesdienst mitgebracht.

Wirklich bewundernswert ist seine positive und zugleich realistische Lebenseinstellung. Für die Gemeindezeitung hat er einen Artikel über die Notwendigkeit und Freude von positiven Gedanken und konkreter Zielsetzung geschrieben.

Obwohl Daniel eher ein ruhiger Typ ist, entwickelt er tiefgehende Kontakte im Gespräch mit einem oder zwei Gesprächspartnern. Wenn dazu berufen, scheut er sich nicht, vor einer Menschenmenge zu sprechen. Alleine würde er sich jedoch nicht in Szene setzen.

Daniel hat den großen Wunsch, alles zu lernen und zu tun, um Erfolge zu erzielen, dabei wird sein Fleiß ihm gewiss behilflich sein. Seine Gedanken sind tief und edel, sein Glaube von großer Stärke."

Es fällt mir schwer, mich selbst zu beschreiben. Ein Freund jedoch sieht meine Entwicklung, Eigenschaften und Fähigkeiten sehr viel besser als ich.

Helen Keller war eine Frau, die es gelernt hat, mit ihrem Schicksal fertig zu werden. Trotz mehrfacher Behinderung schaffte sie es, ihr Leben zu meistern und fand ihren Weg, wie sie glücklich sein konnte. Wenn jemand Grund zum Jammern hätte, so wäre es sicherlich Helen Keller gewesen. Sie kam taub, stumm und blind zur Welt; unfähig, sich wie andere Menschen auf natürliche Weise verständlich zu machen.

Ihr Tastsinn war ihre einzige Verständigungsmöglichkeit mit der Umwelt. Helen Keller wurde trotz ihres Schicksals eine fröhliche und glückliche Frau. Sie verstand es, das Glück zu suchen und es auch zu finden. In ihrem Buch „The Open Door" bringt sie ihre Vorstellung von Glück zum Ausdruck:

„Würden diejenigen, die das Glück suchen, nur eine kleine Minute innehalten und nachdenken, dann würden sie erkennen, dass die Freuden, die sie bereits erfahren, so zahlreich sind wie die Grashalme zu ihren Füßen oder die im Morgenlicht auf den Blüten funkelnden Tautropfen."

Geistig behindert: Ein leicht geistig behindertes Kind wuchs in einem gut bürgerlichen Elternhaus auf und genoss eine gute Erziehung. Alles sprach für ein wohlbehütetes und gut erzogenes Kind. Was aber wurde dem Mädchen suggeriert? Der Vater sagte oft zu seiner Tochter: „Du Dummerle." Und die Mutter sagte: „Du wirst niemals heiraten können." Diese Redensarten sind (leider) nur einige von vielen, um einem Kind seine Wünsche und seine Zukunft zu verleiden.

Man könnte sagen, dass jeder selbst sein Leben in die Hand nehmen muss – und das muss er auch. Aber trotz allem haben besonders die Eltern in Bezug auf ihre Kinder eine sehr große Verantwortung. Das Einwirken der Eltern hat für die heranwachsenden Kinder einen großen Einfluss auf das spätere Leben, positiver oder negativer Art.

Das geistig behinderte Mädchen, von dem ich sprach, lebt heute noch bei seinen Eltern. Es ist heute eine junge Frau und empfindet alles, was auch jede andere Frau empfindet. Warum soll diese Frau nicht heiraten können? Ich kenne ein Ehepaar, bei dem die Frau auch geistig eingeschränkt ist. Das Paar lebt glücklich zusammen, so wie das in jeder anderen Beziehung auch sein kann.

Buchbeschreibung von Charly's Denkmal – ein ganz tollen Buch von Blaine M. Yorgason:

„Charly wurde verkrüppelt geboren und erlitt deshalb von seiner Umgebung viele Vorurteile und Ungerechtigkeiten. Aber Charly wusste, dass sein Leben einen Sinn und Zweck hat und dass er nicht von dieser Erde gehen würde, ohne etwas Großartiges geschaffen zu haben.

So schuf er ein Denkmal – kein physisches zum Angreifen, sondern ein geistiges Denkmal. Dieses Buch erzählt die Geschichte von diesem Denkmal – eine Allegorie der Liebe."

HABT KEINE ANGST

"Wir müssen Deiche des Mutes bauen gegen die Flut der Furcht." Martin Luther King (1929 – 1968), amerikanischer Geistlicher und Politiker, Friedensnobelpreisträger von 1964.

Ein neugeborenes Baby lernt von Anfang an, mit Angst umzugehen, ob es will oder nicht. Immer wieder ist die Angst ein Bestandteil unseres Lebens, solange wir nicht zum völligen Vertrauen gefunden haben. Im Laufe unserer menschlichen Entwicklung lernen wir durch Erfahrungen die Angst kennen. Die meisten Ängste entstehen auf unnatürliche Weise durch unsere Gedanken, Vorstellungen und Überlegungen. Sie sind überflüssig und unnötig. Die natürlichen Ängste sind Schutzreflexe vor Einwirkungen äußerer und innerer Gewalten, wie sie auch bei Tieren vorhanden sind. Aber welches Tier hätte Angst davor, nicht schön genug zu sein?

Die unnatürlichen Ängste sind Herausforderungen, die aktiv beseitigt werden müssen, wenn wir nicht an ihnen zugrunde gehen wollen. Wir können nicht alle Ängste auf einmal beseitigen, sondern müssen Schritt für Schritt vorgehen. Dadurch erlangen wir Selbstvertrauen und Entschlossenheit zum Handeln. Ängste treten in unserem Leben ganz unterschiedlich auf.

Wir quälen uns durch den Alltag, tragen die Angst ständig mit uns herum und merken nicht, dass unser Leben schöner sein könnte, wenn wir uns frei machen würden von den unnötigen Ängsten des Alltages.

Angst als Schutzreflex ist lebensnotwendig. Ohne sie würden wir in fahrende Autos hineinspringen, von einem hohen Haus herunter springen und viele Dinge tun, die uns Schaden oder den Tod bringen würden.

Bösartigkeit und Hass, Furcht und Angst zerstören unser Leben! Wenn wir so sind und so sein wollen, wie kann Gott uns da helfen? Ich begegne immer wieder Menschen, die so sind und die sich beklagen, dass ihr Leben nicht rund verläuft. Es ist anstrengend, bösartig und voller Hass zu sein. Es ist anstrengend, Furcht und Angst zu haben, anstatt friedvoll mit Gott zu leben. Es ist einfacher, ein Leben zu leben, das von Liebe und innerer Ruhe geprägt ist, als von dem ganzen Negativen, das wir eigentlich nicht wollen.

„Fürchte dich nicht, denn ich bin mit dir; hab keine Angst, denn ich bin dein Gott. Ich helfe dir, ja, ich mache dich stark, ja, ich halte dich mit meiner hilfreichen Rechten." Jesaja 41:10.

DER GANG JESU AUF DEM WASSER

„Gleich darauf forderte er die Jünger auf, ins Boot zu steigen und an das andere Ufer vorauszufahren. Inzwischen wollte er die Leute nach Hause schicken. Nachdem er sie weggeschickt hatte, stieg er auf einen Berg, um in der Einsamkeit zu beten. Spät am Abend war er immer noch allein auf dem Berg.

Das Boot aber war schon viele Stadien vom Land entfernt und wurde von den Wellen hin und her geworfen; denn sie hatten Gegenwind. In der vierten Nachtwache kam Jesus zu ihnen; er ging auf dem See. Als ihn die Jünger über den See kommen sahen, erschraken sie, weil sie meinten, es sei ein Gespenst, und sie schrien vor Angst.

Doch Jesus begann mit ihnen zu reden und sagte: Habt Vertrauen, ich bin es; fürchtet euch nicht! Darauf erwiderte ihm Petrus: Herr, wenn du es bist, so befiehl, dass ich auf dem Wasser zu dir komme. Jesus sagte: Komm! Da stieg Petrus aus dem Boot und ging über das Wasser auf Jesus zu. Als er aber sah, wie heftig der Wind war, bekam er Angst und begann unterzugehen. Er schrie: Herr, rette mich! Jesus streckte sofort die Hand aus, ergriff ihn und sagte zu ihm: Du Kleingläubiger, warum hast du gezweifelt? Und als sie ins Boot gestiegen waren, legte sich der Wind. Die Jünger im Boot aber fielen vor Jesus nieder und sagten: Wahrhaftig, du bist Gottes Sohn." Matthäus 14,22 – 33.

„Die aber, die dem Herrn vertrauen, schöpfen neue Kraft, sie bekommen Flügel wie Adler. Sie laufen und werden nicht müde, sie gehen und werden nicht matt." Jesaja 40:31.

BEDRÄNGNIS UND FRIEDE

In diesen Versen spricht Jesus einmal nicht in Gleichnissen, sondern klar und verständlich zu seinen Jüngern und uns.

„Dies habe ich in verhüllter Rede zu euch gesagt; es kommt die Stunde, in der ich nicht mehr in verhüllter Rede zu euch spreche, sondern euch offen den Vater verkünden werde. An jenem Tag werdet ihr in meinem Namen bitten und ich sage nicht, dass ich den Vater für euch bitten werde; denn der Vater selbst liebt euch, weil ihr mich geliebt und weil ihr geglaubt habt, dass ich von Gott ausgegangen bin. Vom Vater bin ich ausgegangen und in die Welt gekommen; ich verlasse die Welt wieder und gehe zum Vater.

Da sagten seine Jünger: Jetzt redest du offen und sprichst nicht mehr in Gleichnissen. Jetzt wissen wir, dass du alles weißt und von niemand gefragt zu werden brauchst. Darum glauben wir, dass du von Gott gekommen bist. Jesus erwiderte ihnen:

Glaubt ihr jetzt? Die Stunde kommt und sie ist schon da, in der ihr versprengt werdet, jeder in sein Haus, und mich werdet ihr allein lassen. Aber ich bin nicht allein, denn der Vater ist bei mir. Dies habe ich zu euch gesagt, damit ihr in mir Frieden habt. In der Welt seid ihr in Bedrängnis; aber habt Mut: Ich habe die Welt besiegt."
Johannes 16: 25 – 33.

HEILUNG UND VERGEBUNG

VERGEBUNG

Ich selbst vermag es nicht so gut, über Vergebung zu schreiben. Lesen wir die folgenden Verse aus Johannes 8:1 – 11. Darin finden wir die Worte, die man fühlen kann, wenn man die folgende Begebenheit verinnerlicht, die von Liebe, Heilung und Vergebung spricht. Allein zu diesen Versen könnte man unendlich viele Bücher schreiben.

„Jesus aber ging zum Ölberg. Am frühen Morgen begab er sich wieder in den Tempel. Alles Volk kam zu ihm. Er setzte sich und lehrte es. Da brachten die Schriftgelehrten und die Pharisäer eine Frau, die beim Ehebruch ertappt worden war. Sie stellten sie in die Mitte und sagten zu ihm: Meister, diese Frau wurde beim Ehebruch auf frischer Tat ertappt. Mose hat uns im Gesetz vorgeschrieben, solche Frauen zu steinigen. Nun, was sagst du? Mit dieser Frage wollten sie ihn auf die Probe stellen, um einen Grund zu haben, ihn zu verklagen. Jesus aber bückte sich und schrieb mit dem Finger auf die Erde. Als sie hartnäckig weiterfragten, richtete er sich auf und sagte zu ihnen: Wer von euch ohne Sünde ist, werfe als Erster einen Stein auf sie. Und er bückte sich wieder und schrieb auf die Erde. Als sie seine Antwort gehört hatten, ging einer nach dem anderen fort, zuerst die Ältesten. Jesus blieb allein zurück mit der Frau, die noch in der Mitte

stand. Er richtete sich auf und sagte zu ihr: Frau, wo sind sie geblieben? Hat dich keiner verurteilt? Sie antwortete: Keiner, Herr. Da sagte Jesus zu ihr: Auch ich verurteile dich nicht. Geh und sündige von jetzt an nicht mehr!"
Johannes 8:1 – 11.

DEIN GLAUBE HAT DIR GEHOLFEN

„Da trat eine Frau, die schon zwölf Jahre an Blutungen litt, von hinten an ihn heran und berührte den Saum seines Gewandes, denn sie sagte sich: Wenn ich auch nur sein Gewand berühre, werde ich geheilt. Jesus wandte sich um, und als er sie sah, sagte er: Hab keine Angst, meine Tochter, dein Glaube hat dir geholfen. Und von dieser Stunde an was die Frau geheilt." Matthäus 9:20 – 22.

DIE AUFERWECKUNG EINES KINDES

„Während Jesus noch redete, kamen Leute, die zum Haus des Synagogenvorstehers gehörten, und sagten (zu Jaïrus): Deine Tochter ist gestorben. Warum bemühst du den Meister noch länger? Jesus, der diese Worte gehört hatte, sagte zu dem Synagogenvorsteher: Sei ohne Furcht; glaube nur! Und er ließ keinen mitkommen außer Petrus, Jakobus und Johannes, den Bruder des Jakobus.

Sie gingen zum Haus des Synagogenvorstehers. Als Jesus den Lärm bemerkte und hörte, wie die

Leute laut weinten und jammerten, trat er ein und sagte zu ihnen: Warum schreit und weint ihr? Das Kind ist nicht gestorben, es schläft nur. Da lachten sie ihn aus. Er aber schickte alle hinaus und nahm außer seinen Begleitern nur die Eltern mit in den Raum, in dem das Kind lag.

Er fasste das Kind an der Hand und sagte zu ihm: Talita kum!, das heißt übersetzt: Mädchen, ich sage dir, steh auf! Sofort stand das Mädchen auf und ging umher. Es war zwölf Jahre alt. Die Leute gerieten außer sich vor Entsetzen. Doch er schärfte ihnen ein, niemand dürfe etwas davon erfahren; dann sagte er, man solle dem Mädchen etwas zu essen geben." Markus 5:35 – 43.

SIEBEN MAL

Eines meiner Lieblingskapitel im Alten Testament behandelt die Begebenheit, wo Elija dem Naaman sagt, dass er sich siebenmal im Jordan waschen soll, um von seinem Aussatz (einer schlimmen Hautkrankheit) geheilt zu werden. Der Jordan war schon damals kein besonders sauberer Fluss und es schien sehr unlogisch, dass man durch das Untertauchen in einem Fluss von seiner Hautkrankheit geheilt werden könne.

Dann aber redete Naamans Diener (er hatte einen total lustigen Namen, nämlich Gehasi) ihm zu, er solle es doch tun und es sei ganz einfach.

Auszug aus 2 Könige 5:11,12: „Siehe, ich hatte gedacht: Er wird gewiss zu mir herauskommen und hintreten und den Namen des Herrn, seines Gottes, anrufen und wird seine Hand über die Stelle schwingen und so den Aussätzigen heilen. Sind nicht Abana und Parpar, die Flüsse von Damaskus, besser als alle Wasser von Israel? Kann ich mich nicht darin baden und rein werden?"

Naaman tat es trotzdem: Er wusch sich siebenmal im Jordan und wurde wieder gesund. Der Prophet Elija hatte es versprochen und der Segen des Herrn ging in Erfüllung.

GLAUBEN

Leid, Kummer, Drangsal und Bedrängnisse sowie Glück, Freude, Freiheit und Sorglosigkeit gehören zu unserem Leben. Wir alle glauben an etwas, das man nicht sehen kann, das aber doch allgegenwärtig ist.

Der Glaube an Gott ist der persönliche Weg jedes Einzelnen. Eine 85-jährige Frau erzählte mir einmal, welche Sorgen sie in ihrem hohen Alter noch hat, und sagte mir: „Daniel, glaub mir: Auch ich könnte noch jeden Tag vom Glauben abfallen, wenn ich nicht achtgebe." Es fiel mir schwer, ihr zu glauben, weil sie fest im Glauben stand und dies schon viele Jahre ihres Lebens getan hatte. Der Glaube an Gott kann uns jedoch in jedem Alter verlassen, wenn wir den Bezug zu Gott verlieren und unsere Beziehung zu ihm vernachlässigen. Beten ist ein Weg, den Glauben an Gott zu bewahren. Beten ist der Weg, der zum Glauben führt. Beten hilft uns, mit der manchmal unliebsamen Wirklichkeit fertig zu werden. Was Gott von uns wünscht, ist: „Sag mir genau, was du willst!" Er weiß genau, was wir uns wünschen, aber er möchte, dass wir es ihm mit unseren eigenen Worten sagen.

Die Heilung von zwei Blinden bei Jericho: „Als sie Jericho verließen, folgte ihm eine große Zahl von Menschen. An der Straße aber saßen zwei Blinde, und als sie hörten, dass Jesus vorbeikam, riefen sie laut: Herr, Sohn Davids, hab Erbarmen mit uns! Die Leute aber wurden ärgerlich und befahlen ihnen zu schweigen. Sie aber schrien noch lauter: Herr, Sohn Davids, hab Erbarmen mit uns! Jesus blieb stehen, rief sie zu sich und sagte: Was soll ich euch tun? Sie antworteten: Herr, wir möchten, dass unsere Augen geöffnet werden. Da hatte Jesus Mitleid mit ihnen und berührte ihre Augen. Im gleichen Augenblick konnten sie wieder sehen, und sie folgten ihm." Matthäus 20:29 – 34.

„Bis jetzt habt ihr noch nichts in meinem Namen erbeten. Bittet und ihr werdet empfangen, damit eure Freude vollkommen ist."
Johannes 16:24.

DIE OPERATION

An einem schönen Sommermorgen 1997 wachte ich früh auf, blieb noch eine Weile im Bett liegen und dachte nach. Von draußen hörte ich die Vögel zwitschern und den Hahn des entfernten Bauernhofes krähen.

Nach einer Weile wollte ich aus dem Bett steigen, spürte jedoch, dass ich meine Beine nur schwer bewegen konnte. Nachdem ich aufgestanden war, bewegte ich mich mühselig ins Badezimmer. Ich verstand nicht, was mit mir los war. Die Kraft in meinen Beinen wurde immer schwächer. Noch am Morgen fuhr meine Mutter mich zum Arzt.

Beim Arzt angekommen konnte ich noch laufen und im Untersuchungszimmer stehen, doch nach fünf Minuten verließen die Kräfte meine Beine ganz. Ich fiel zu Boden und konnte nicht wieder aufstehen oder laufen. Der Arzt überwies mich gleich in die Uniklinik Freiburg. In der Klinik wurde ich gründlich untersucht und noch am selben Tag operiert.

Die Lähmung meiner Beine wurde verursacht durch eine Spinalstenose, eine Nervenverengung im Lendenwirbel. Bei kleinwüchsigen Menschen (wie ich es bin) ist eine Spinalstenose keine Seltenheit. Es gibt einige kleinwüchsige Menschen, die aufgrund dessen ihr weiteres Leben im Rollstuhl verbringen müssen, weil sie vom Bein abwärts gelähmt sind.

Ich wurde also gleich für die OP vorbereitet. Man erklärte mir kurz den bevorstehenden OP-Verlauf, den ich rein gar nicht verstand. Mir war klar, dass von dieser OP abhing, ob ich wieder laufen können würde oder nicht.

Irgendwie hatte ich keine Angst vor der OP und auch keinen Zweifel, dass die OP gelingen würde, aber doch spürte ich eine Abhängigkeit, die ich nicht behalten wollte, sondern die ich Gott geben wollte.

Im OP-Saal waren viele Leute, die alle für eine bestimmte Aufgabe zuständig waren. Es ging dort zu wie in einem Großraumbüro.

Dann war es soweit: Ich hatte schon Angst vor der OP und vor dem Danach, aber ich versuchte nicht daran zu denken. Die Infusion wurde eingeleitet und gesetzt und das Betäubungsmittel hinzugefügt. Ich bemerkte, wie meine Augen schwerer wurden und ließ sie zusammenfallen. In diesem Moment, kurz vor dem Einschlafen, fiel mir eine Schriftstelle ein aus der Bibel: „Alles vermag ich durch ihn, der mir Kraft gibt." Philipper 4,13.

Diese Schriftstelle sagte ich mir in Gedanken dreimal und dann schlief ich ein. Nach zweistündiger Operation erwachte ich wieder aus der Narkose. Ich machte die Augen wieder auf und hörte das pumpende Geräusch eines Geräts, das auf dem Nachttisch stand. Dieses Gerät fügte Blut hinzu, das ich bei der OP verloren hatte.

Eine Schwester kam herein, prüfte meinen Pulsschlag und fragte, ob ich Durst habe. Ich bejahte und bekam Tee ohne Zucker. In diesem Moment war mir der Zucker egal. Ich fragte die Schwester, ob die OP gut verlaufen war. Sie sagte: „Soweit ja!"

Ich hatte zwei Liter Blut verloren, die mir durch Transfusionen ersetzt wurden. Mein sonstiger Zustand nach der OP war nicht kritisch. Am Morgen erhoffte ich mir, mehr zu erfahren über den Verlauf der OP und ob ich wieder laufen werde.

Mein Gefühl sagte mir, dass ich bald wieder laufen würde.

Die Oberärztin, eine nette Holländerin, kam zu mir ans Bett und fragte: „Wie geht es Ihnen, Herr Daum?" „Mir geht es gut", gab ich zur Antwort. „Haben sie Schmerzen?" „Nein", erwiderte ich. Die Ärztin erklärte mir: „Wir haben an zwei Stellen der Wirbelsäule die Nerven frei gelegt. Gleich die ganze Wirbelsäule vom Nerv freizulegen, hätten wir nicht tun können." Und weiter sagte sie: „Es war kein Bandscheibenvorfall, sondern ein Nerv hatte sich verklemmt."

Zum Glück musste ich nur einmal operiert werden. Drei Tage nach der Operation konnte ich meine Zehen schon ein wenig bewegen. Ich dankte Gott, dass er mir das Laufen, das uns so selbstverständlich vorkommt, wieder gegeben hatte. Aufgrund meiner Lähmung lag ich noch drei Monate im Krankenhaus. Acht Wochen davon war ich bettlägerig. An jedem Tag hatte ich zweimal Krankengymnastik. Meine Fortschritte im Laufen und Treppensteigen gingen langsam, aber sicher voran.

GOTT GIBT ANTWORT

DER PHARISÄER UND ZÖLLNER

Gott lehnt täuschende Selbstgespräche als unechte Gebete ab! Das Beispiel vom Pharisäer und vom Zöllner: „Zwei Männer gingen zum Tempel hinauf, um zu beten; der eine war ein Pharisäer, der andere ein Zöllner. Der Pharisäer stellte sich hin und sprach leise dieses Gebet: Gott, ich danke dir, dass ich nicht wie die anderen Menschen bin, die Räuber, Betrüger, Ehebrecher oder auch wie dieser Zöllner dort. Ich faste zweimal in der Woche und gebe dem Tempel den zehnten Teil meines ganzen Einkommens. Der Zöllner aber blieb ganz hinten stehen und wagte nicht einmal, seine Augen zum Himmel zu erheben, sondern schlug sich an die Brust und betete: Gott, sei mir Sünder gnädig! Ich sage euch: Dieser kehrte als Gerechter nach Hause zurück, der andere nicht. Denn wer sich selbst erhöht, wird erniedrigt, wer sich aber selbst erniedrigt, wird erhöht werden." Lukas 18:10 – 14.

Die Hilflosigkeit, die ein Mensch fühlt und erlebt, ist der Moment, wo Gott den Menschen zuhört. Gott hört uns immer zu, aber im Moment der Hilflosigkeit, Angst und Verzweiflung sind die Worte eines Menschen Gebete, die Gott sofort annimmt und nach seinem Zeitplan erhört.

„Wenn ich rufe, erhöre mich, Gott, du mein Retter! Du hast mir Raum geschaffen, als mir angst war. Sei mir gnädig und hör auf mein Flehen!" Psalm 4:2.

Gott hilft dir auch dann, wenn du dir selbst nicht helfen kannst. Bevor du von einer Brücke springst, bete zu Gott und sag ihm, was du brauchst. Gott wird dir helfen, damit du dem Leben erhalten bleibst.

Warum betest du? Klar, die Frage könnte auch lauten: Wie oder wann oder was betest du?
Du betest, weil du an einen Gott glaubst, der dir zuhört. Man kann es unnötig kompliziert machen mit der Frage: „Warum betest du?" Die Antwort ist einfach: Weil du Glauben hast.

Wichtig ist, du baust eine Beziehung zu Gott auf, die du und die er versteht, durch das Gebet. Dein Glaube an Gott bedeutet nicht, dass alle verstehen müssen, wie deine Beziehung zu Gott ist.

OFFENBARUNGEN

Offenbarungen sind besondere, persönliche Eingebungen, deren Bedeutung nur der erkennt, der sie von Gott empfängt. Sie können ein Traum sein, ein Gedanke, ein klares Gefühl, eine innere Stimme, die zu einem spricht, eine Schriftstelle oder ein Lied oder eine Melodie. Auch Erinnerungen an Vergangenes können uns Antworten für unser Leben geben. Auch durch den Dienst von Menschen können sich Antworten finden und Offenbarungen erfüllen.

Offenbarungen gelangen zum Teil sehr schnell und laut zu uns und manchmal sehr langsam und leise. Wenn wir erneut eine Bestätigung brauchen für eine Offenbarung und Eingebung, dann gibt Gott uns auch zweimal, dreimal oder viermal die gleiche Antwort, bis wir ihn verstanden haben. Offenbarungen sind also nicht so zu verstehen, dass sie nur einmal kommen und dann nie wieder. Gott wiederholt sich solange in unserem Leben, bis wir verstanden haben, was er uns mitteilen möchte. Auch wenn der letzte Zug am Bahnhof abgefahren ist, gibt Gott dir eine Möglichkeit, von A nach B zu gelangen.

Es kann auch sein, dass wir mit dem Auto fahren und in eine Straße einbiegen und währenddessen gibt der Herr uns (wie ich es einmal erlebte) eine persönliche Offenbarung und dies innerhalb von zwei oder drei Sekunden.

Für den Herrn spielen Zeit und Ort keine Rolle. Er kann uns Dinge vermitteln, die nur ein paar Sekunden dauern. Der Herr gibt uns Antworten auf viele Fragen im Verlauf unseres Lebens!

Wünsche, Träume und Offenbarungen sind eng miteinander verbunden. Nach einem Wunsch, einem Traum oder einer Offenbarung kann sich eine Hoffnung in unserem Leben verwirklichen.

Mit 24 Jahren wollte ich endlich ein Auto haben, wie ich es mir schon immer gewünscht hatte, seitdem ich wusste, was ein Auto ist. Am 30. Januar 1997 stellte ich beim Arbeitsamt einen Antrag auf Zuschuss zum Kauf eines Autos. Es vergingen viele Tage mit dem Ausfüllen von Formularen und dem Abarbeiten von Auflagen, damit ich die Genehmigung bekommen konnte.

In der Zwischenzeit suchte ich mir ein Auto aus: einen Polo in schönem Blau mit Umbau auf meine Körpergröße von 130 cm. Der Polo kostete 25.000 DM. Nach drei Monaten bekam ich den Bescheid vom Amt. Ich bekam 16.000 DM Zuschuss für meinen neuen VW Polo.

Drei Monate später stand der Wagen in Blau auf dem Parkplatz. Die ersten Tage ging ich öfters hinaus zum Parkplatz, um zu schauen, ob der Wagen noch da ist. Damals konnte ich lange nicht glauben, dass ich jetzt ein Auto hatte. Genau 12 Jahre hatte ich den Polo, 330.660 gefahrene Kilometer.

DER HIMMEL IST NICHT WEIT

Paulus hat verkündet, dass die Menschen „Gott suchen sollen, ob sie ihn ertasten und finden könnten; denn keinem von uns ist er fern". Apostelgeschichte 17:27.

Viele Menschen sind das ganze Leben auf der Suche nach dem Zuhause, nach einem Wohnort der Liebe, Geborgenheit und Stille. Ich bin oft auf der Suche nach dem Zuhause und ich finde manchmal diesen Ort nicht, den Ort der Stille und Ruhe, um Gott zu begegnen.

Ich liebe Gott wirklich sehr und ich bete, wenn ich daran denke, jeden Tag zu ihm. Ohne Gott und seine Liebe, die ich oftmals fühlen darf, wäre ich in irgendeiner Sackgasse gelandet, aus der ich schwer wieder heraus gekommen wäre.

Wenn ich bete, fühle ich die Liebe, die von Gott kommt, und das ist so ein schönes Gefühl. Ein Gefühl, als wenn ich daheim angekommen bin.

Dieses Gefühl der Liebe fühle ich immer wieder, aber nicht ständig, also nicht den ganzen Tag lang. Und wenn ich die Liebe Gottes fühle, dann ist es wie eine Umarmung. In diesem Moment ist der Himmel nicht weit von mir entfernt.

ZIELGERICHTET

Oft müssen wir vier Schritte alleine gehen, damit Gott den fünften Schritt mit uns geht; und manchmal müssen wir wieder ein paar Schritte zurückgehen, damit wir von vorne anfangen können oder um einen anderen Weg einzuschlagen, den Gott für uns vorgesehen hatte.

Wenn wir Schritte in unserem Leben allein gehen, fühlen wir uns allein, aber wir sind es nicht. Gott ist auch in unserer Einsamkeit bei uns, nur fühlen wir ihn manchmal nicht. Gott möchte auch, dass wir Entscheidungen treffen und dass wir ein paar Schritte allein gehen.

Gestalten wir unsere Gebete aussagekräftig und zielgerichtet. Zielgerichtete Gebete sind klare und deutliche Gebete. Wenn ich Geld brauche, dann bete ich zu Gott und sage ihm, dass ich Geld brauche und bete nicht für den allgemeinen Weltfrieden.

Wir sollen um das bitten, was wir brauchen, und nicht um etwas bitten, was zu unserem Nachteil wäre. „Ihr bittet und empfangt doch nichts, weil ihr in böser Absicht bittet, um es in eurer Leidenschaft zu verschwenden." Jakobus 4:3.

Wofür wir beten: „So nimmt sich auch der Geist unserer Schwachheit an. Denn wir wissen nicht, worum wir in rechter Weise beten sollen; der Geist selber tritt jedoch für uns ein mit Seufzen, das wir nicht in Worte fassen können. Und Gott, der die Herzen erforscht, weiß, was die Absicht des Geistes ist: Er tritt so, wie Gott es will, für die Heiligen ein." Römer 8:26,27.

Wenn wir im Gebet etwas erbitten, müssen wir auch mithelfen, dass sich diese Bitten erfüllen. Wir müssen lernen, Gott zu bitten und ihm zu danken, indem wir lernen, Gott zuzuhören.

Die meisten Eingebungen von Gott habe ich erhalten, während und kurz nachdem ich mit Gott im Gebet sprach. Als ich eines Tages erkannte, wie Gott mit mir redet, dachte ich an Zufälle, aber ich bemerkte, es waren keine Zufälle, weil Gott auch heute noch mit mir redet. Ohne diese Gespräche wüsste ich nicht, wie ich mein Leben zielgerichtet gestalten sollte. Gott ist nicht nur ein Ziel, ein Wunsch, sondern er ist real. Jeden Tag und zu jeder Zeit kann ich mit ihm reden. Er ist immer bei mir und ich fühle seine Liebe.

Oftmals haben wir keine Ahnung, wie wir Gott um etwas bitten können. Oft fehlt uns das Ziel, wofür wir beten können. „Fehlt es aber einem von euch an Weisheit (an Wissen), dann soll er sie von Gott erbitten; Gott wird sie ihm geben, denn er gibt allen gern und macht niemand einen Vorwurf. Wer bittet, soll aber voll Glauben bitten und nicht zweifeln; denn wer zweifelt, ist wie eine Welle, die vom Wind im Meer hin und her getrieben wird." Jakobus 1:5,6.

DIE ANDEREN UND ICH

„Das Leben ist wichtiger als die Nahrung und der Leib wichtiger als die Kleidung. Seht auf die Raben: Sie säen nicht und ernten nicht, sie haben keinen Speicher und keine Scheune; denn Gott ernährt sie. Wie viel mehr seid ihr wert als die Vögel!" Lukas 12:23,24.

Wann habe ich das letzte Mal
mit Gott gesprochen?

Wann habe ich das letzte Mal
Gott zugehört?

Wann habe ich das letzte Mal
in den Schriften gelesen?

Wann habe ich das letzte Mal
etwas Gutes getan für einen anderen Menschen?

Diese Fragen stelle ich mir ab und zu, um zu wissen, wie nah oder wie fern ich Gott bin.

Manchmal scheint es mir so, als ob jeder Tag gleich ist. Nun, mein Empfinden meint es so, aber es entspricht nicht der Wirklichkeit. Bis jetzt, seitdem diese Erde besteht, kamen der Frühling, der Sommer, der Herbst und der Winter im gleichen Zyklus. Ist je einmal eine der vier Jahreszeiten ausgefallen?

Das Universum, die Erde, die Pflanzen, die Tiere und der Mensch befinden sich in einer gewissen Ordnung zueinander, die sich immer wiederholt und deren Entwicklung immer weitergeht. Einen Stillstand gibt es nicht, auch nicht, wenn wir die Erde verlassen haben. Das Leben auf dieser Erde geht weiter, unser Leben geht weiter. Wenn wir sterben und die Erde verlassen, geht unser Leben woanders weiter.

Vor vielen Jahren nahm ich zum ersten Mal an einer Kinderbeerdigung teil. Die Trauergemeinde war sehr groß. Viele, die das kleine Mädchen gekannt hatten, weinten und nahmen Abschied von ihr.

Ich spürte in einigen Trauernden eine innere Hoffnungslosigkeit und eine endlose Leere. Das kleine Mädchen war an Krebs gestorben; sie war mehrmals operiert worden. Bis zum Ende hatten die Eltern um das Überleben ihrer kleinen Tochter gekämpft und keiner wollte, dass sie stirbt. Das Leben dieses Kindes war nun in den Gedankenbildern der Zurückgebliebenen. Die Eltern des verstorbenen Mädchens hatten noch einen kleinen Sohn, und nach dem Tod ihrer Tochter bekamen sie einen weiteren Sohn. Die Familie fasste den Entschluss, mit neuen Lebenszielen in die Zukunft zu schauen. Dabei überlegten sie, ob sie eine Wohnung oder ein Haus kaufen sollten, gemeinsam Tanzen gehen oder eine Weltreise starten sollten. Der Verlust eines lieben Menschen kann tragisch sein und ist sehr schmerzhaft. Doch immer, auch wenn uns Schmerzliches widerfährt, haben wir die Aufgabe, zum Leben und zum Alltag zurückzukehren.

Die Rückkehr zum Alltag ist in jeder Trauerphase sehr wichtig. Es ist nicht immer möglich, die innere Trauer schnell zu überwinden. Aber wenn wir unserer Trauer Zeit geben, dann finden wir auf Dauer Heilung in unserem Gemüt.

Kleine Kinder denken, dass ihnen die ganze Welt gehört und dass alles immer so bleibt, wie es ist. Wenn man älter wird, merkt man, dass einem eigentlich nichts gehört, auch nicht das, was man selbst erschaffen hat mit seinen eigenen Händen. Alles, was auf unserer Erde ist, ist vergänglich. Auch Raum und Zeit, in denen wir leben, sind für dieses Erdenleben vergänglich.

In unserer Wirklichkeit, die auch die Gegenwart ist, finden wir meistens nicht das Schlimme, vor dem wir uns fürchten, sondern das Schlimme finden wir in uns selbst durch unsere Gedanken, Worte und die Vorstellungskraft. Wenn all das passierte, was von mir selbst kommt, dann wäre mein Leben trostlos und zum Verzweifeln verurteilt. Es passiert viel Schlimmes auf dieser Erde, aber es passiert nicht das, was wir uns täglich selbst einreden. Die Lebenshoffnung liegt in der Gegenwart und bestimmt somit unsere Zukunft. Wir bestimmen unser Lebensumfeld, indem wir Hoffnung und Glauben haben.

Kleine Kinder haben einen anderen Bezug zu Gott als Erwachsene. Die Kinder hoffen auf das, was sie sich wirklich wünschen, und sie reden auch darüber. Lernen wir auch, darüber zu reden, was wir uns wünschen. Es hilft uns, Gott besser zu verstehen, und er hört uns zu.

Menschen sind überall um uns herum. Jeder Mensch hat besondere Bedürfnisse und Sehnsüchte. Liebe, Beachtung und Aufmerksamkeit wünscht sich jeder Mensch und im Besonderen will keiner von uns übersehen werden.

In der Badischen Zeitung vom 27. Januar 1998 stand, dass ein Amsterdamer Hausarzt, Nizaar Makdoembaks, seinen ärmsten Patienten Brot auf Rezept verschreibt. Mit seinem Rezept können die Patienten bei einem Bäcker 20 Brötchen und ein Brot holen. Das Geld für die Brotrezepte, rund 18 000 Mark im Jahr, zahlt er aus seiner eigenen Tasche. Mit dieser Aktion hofft er, die Öffentlichkeit auf die Ärmeren aufmerksam zu machen und die Gesellschaft zu animieren, das Gleiche zu tun.

In unserer Gesellschaft herrscht vor allem das Bedürfnis nach Aufmerksamkeit und Anerkennung. Ein Bedürfnis, dass keines wäre, wenn unsere Gesellschaft offener und toleranter wäre. Fast jeder denkt überwiegend an sich: Wie kann ich am schnellsten reich werden oder besser sein als der andere? Meist kreisen Gedanken um uns, die unser Inneres vereinsamen lassen. Dieses Handeln und Denken führt uns in die Isolation.

SEINE NÄHE

Wir entfernen uns von Gott aus vielen Gründen. Es muss nicht immer Sünde sein, weshalb wir uns von Gott entfernen. Es können auch Lebensumstände, Ängste, Kummer und Sorgen sein oder aber auch unser Stolz.

Gott entfernt sich niemals von uns. Wir sind es, die sich von ihm entfernen. Gott will unser liebender Vater sein, bei dem wir Frieden, Hoffnung, Vergebung und Liebe finden. Jesus Christus kam zu uns Menschen auf diese Erde herab und gab uns seine Liebe, Vergebung und die Auferstehung, damit wir einst bei ihm sein können.

Er gibt uns seinen Geist, um uns aus unserer eigenen Enge zu befreien, damit wir uns mit Gott verbinden können. Wenn wir etwas Neues anfangen, sei es, dass wir eine neue Sprache lernen, Basketball spielen oder fotografieren, fühlen wir uns dem, was wir neu beginnen, sehr nah, weil wir es wollen, und gleichzeitig auch sehr fern, weil wir das, was wir wollen, noch nicht können.

Wie kann man Gottes Nähe erleben? Man muss sich nach Gott sehnen.

„Nur eines erbitte ich vom Herrn, danach verlangt mich: Im Haus des Herrn zu wohnen alle Tage meines Lebens, die Freundlichkeit des Herrn zu schauen und nachzusinnen in seinem Tempel." Psalm 27,4 Man erlebt die Nähe Gottes besonders in Tagen der Not. „Nahe ist der Herr den zerbrochenen Herzen, er hilft denen auf, die zerknirscht sind." Psalm 34,19.

Die Gegenwart Gottes kann man in Zeiten der Verfolgung verspüren. „Ich weiß, der Herr führt die Sache des Armen, er verhilft den Gebeugten zum Recht. Deinen Namen preisen nur die Gerechten; vor deinem Angesicht dürfen nur die Redlichen bleiben." Psalm 140,13 – 14.

Wenn wir uns ihm nähern, verheißt uns Gott seinen Segen. „Der Herr ist mein Hirte, nichts wird mir fehlen. Er lässt mich lagern auf grünen Auen und führt mich zum Ruheplatz am Wasser. Er stillt mein Verlangen; er leitet mich auf rechten Pfaden, treu seinem Namen. Muss ich auch wandern in finsterer Schlucht, ich fürchte kein Unheil; denn du bist bei mir, dein Stock und dein Stab geben mir Zuversicht. Du deckst mir den Tisch vor den Augen meiner Feinde. Du salbst mein Haupt mit Öl, du füllst mir reichlich den Becher. Lauter Güte und Huld werden mir folgen mein Leben lang und im Haus des Herrn darf ich wohnen für lange Zeit." Psalm 23.

BETEN IM ALLTAG

DAS GEWITTER

Ein schöner Tag, die Sonne scheint, es ist sehr heiß und feuchtschwül. Das Thermometer misst 35 °C mit einer hohen Luftfeuchtigkeit. Allmählich ziehen dunkle Wolken auf. Der Tag wird dunkel, die ersten dicken Wassertropfen fallen auf die Erde, zuerst ein paar Tropfen, dann wolkenbruchartig. Der Regen wird begleitet von starken Winden, hellen Blitzen und lautem Donner. Dieser Zustand dauert nur ein paar Minuten.

Danach verziehen sich die Wolken wieder. Der Regen hört auf, der Wind wird ruhig und die Sonne scheint. Die Luft und die Temperatur sind nach einem Gewitter sehr angenehm. Nach einem Wärmegewitter wirkt die Natur wie von neuem geboren, so als ob die Erde immer in diesem Zustand wäre.

So wie ein Gewitter können auch die Lebensstürme sein, die wir erleben. Auch wenn zwei oder drei Gewitter nacheinander kommen: Das Licht der Sonne wird immer wieder die Wolkendecke durchbrechen.

In den schweren Zeiten unseres Lebens können wir loslassen und auf Gott vertrauen. Gott würde es in unserer heutigen Zeit so ausdrücken: „Vertrau mir und gib mir deine schwere Last und lass mich dir helfen bei deinem Problem." Wir suchen und wir finden nicht von allein den inneren Frieden, der uns die Gewissheit gibt, dass alles in Ordnung ist. Gott kann uns diesen Frieden geben, wenn es Turbulenzen in unserem Leben gibt.

Schwierige Zeiten gibt es und wenn du dich gerade in einer solchen Zeit befindest, dann nimm sie an, als eine Zeit, in der Gott dich ganz besonders liebt. Sprich mit Gott und durchlebe und akzeptiere die Zeit, die jetzt vor dir liegt.

„Jeder von ihnen wird wie ein Zufluchtsort vor dem Sturm sein, wie ein schützendes Dach beim Gewitter, wie Wassergräben an einem dürren Ort, wie der Schatten eines mächtigen Felsens im trockenen Land." Jesaja 32:2.

DER REGENBOGEN

An einem kalten, klaren Winternachmittag fuhr ich mit meinem Auto nach Hause und sah einen strahlenden Regenbogen am Himmel mit den Farben Rot, Orange, Gelb und Grün, Blau, Indigo und Violett. Gleich daneben sah ich einen zweiten Regenbogen mit den gleichen Farben, nur dass dieser Regenbogen die Farben sehr schwach wiedergab. Noch nie zuvor hatte ich zwei Regenbogen nebeneinander gesehen. Das Licht, die Farben und der Glanz der zwei Regenbögen beeindruckten mich tief. Es gibt sehr viele wunderbare Naturereignisse, die man selten sieht. Die Natur zu erleben in ihrer Schönheit und Einfachheit gibt mir die Kraft, die ich brauche, um an meinem Leben festzuhalten.

Horizonte, Berge, Täler und Schluchten sowie der Regen, der Wind, die Sonne, der Mond und die Sterne, das Wasser, die Erde und die Luft, die Pflanzen und die Tiere und die Menschen sind eindeutige Zeugen dafür, dass Gott alles erschaffen hat.

Der weite Horizont ist für mich ein Ort des Träumens und eine Quelle der Inspiration. Die Natur und die Musik sind zwei Elemente, die sich miteinander verbinden lassen und in deren Einheit man das Schöne und Gute sieht, hört und spürt. Der wunderschöne Regenbogen gehört nicht mir, aber der Eindruck und das Empfinden der Schönheit des Regenbogens sind in mir – in meinem Empfinden.

„Wie der Anblick des Regenbogens, der sich an einem Regentag in den Wolken zeigt, so war der helle Schein ringsum. So etwa sah die Herrlichkeit des Herrn aus." Hesekiel 1,28.

GOTT GIBT MIR ALLES

In einem bestimmten Abschnitt meines Lebens dachte ich, dass Gott mir alles geben würde, was ich mir wünsche, wenn ich zu ihm bete! Aber nach einer ganzen Weile bemerkte ich, dass dem nicht so ist.

Es gibt Wünsche, die sich erfüllen, und es gibt Wünsche, die sich nicht erfüllen. Außerdem kommen auch gute Dinge in unser Leben, an die wir nicht gedacht haben. Und mit vielen unserer Wünsche hat der Herr seinen eigenen Zeitplan.

Für die meisten meiner Wünsche braucht es sehr viel Zeit, bis sie den Weg der Erfüllung finden. Es gehen viele Jahre ins Land, bis dann auf einmal, an einem scheinbar unbedeutenden Tag, ein Wunsch in Erfüllung geht. Solche Tage gibt es in meinem Leben und wenn ein solcher Tag kommt, dann gehe ich auf die Knie und danke Gott dafür.

Krankheiten kommen und sie gehen auch wieder. Gott heilt die Krankheit, aber manchmal auch nicht und warum? Ich weiß es auch nicht. Gott schickt uns keine Krankheiten, aber er lässt die Krankheiten zu, wenn sie kommen.

Ich weiß, dass Gott jeden Menschen liebt und dass alles einen Sinn hat, auch wenn wir den Sinn noch nicht erkennen.

Gebete sind Wünsche und Hoffnungen in Gott, z.B.:

Ein Vater betet für seine Tochter, dass sie wieder den Weg zu Gott zurückfindet.

Eine ältere Frau betet für sich selbst, weil sie bemerkt, wie ihre Gesundheit nachlässt.

Ein 12-Jähriger betet für einen eigenen Werkzeugkasten, den er sich so sehr wünscht.

Ein junger Mann betet, dass er den Glauben zu Gott findet.

Eine gesamte Familie betet für eine andere Familie, damit es der Familie wieder besser geht.

Eine alleinstehende Frau betet, dass sie mutiger und selbstsicher über ihren Glauben mit anderen sprechen kann.

DER VERLORENE SOHN

Ein Vater verlor seinen Sohn durch Drogen, Alkohol und wegen seiner Unehrlichkeit. Der Vater wünschte sich sehr, dass sein Sohn wieder heimkehrte. Der Vater kniete sich auf den Boden und betete zum Allmächtigen, er möge seinem Sohn einen Weg zeigen, wie er wieder nach Hause kommen könne.

Das folgende Gebet sprach er aus tiefstem Herzen: „Vater im Himmel. Ich habe Sehnsucht nach meinem Sohn. Ich weiß nicht, was mit ihm los ist. Ich weiß nicht einmal, wo er sich im Moment aufhält. Vater, ich bete für ihn von ganzem Herzen. Bewahre ihn vor Schaden, hilf ihm doch, gib ihm die Kraft, der Versuchung zu widerstehen. Hilf ihm und mache ihm Mut für die Umkehr. Vater, ich würde alles geben, um meinen Sohn wieder zu bekommen. Lass ihn spüren, dass ich ihn liebe und lass ihn wissen, Vater, nach Hause führt immer ein Weg. Ich weiß ja, meine Wege sind nicht deine Wege. Ich bitte dich, ich weiß nicht, was ich tun soll, gib ihm Einsicht, erweiche ihm das Herz, führe ihn heim." Nach einigen Jahren und einer langwierigen Therapie kehrte der Sohn wieder heim.

DIE KLEINE ANNA

Ein kleines Mädchen namens Anna, vier Jahre, kommt vom Kindergarten nach Hause. Daheim angekommen rennt Anna schnell in die Küche und holt ihren kleinen Teller und ihren Löffel, legt diese auf den Tisch, setzt sich auf ihren Stuhl und schaut ihre Mutter erwartungsvoll an. Dabei klopft sie mit ihrem kleinen Löffel ungeduldig auf den Tisch.

Ihre Mutter geht zum Herd, schaut ihre Tochter mit einem Lächeln an und sagt: „Geh in dein Zimmer, zieh dich um, wasch deine Hände, hol deine kleine Gabel und setz dich dann wieder an den

Tisch." Kaum gesagt rennt Anna in ihr Zimmer und erledigt alles, was ihre Mutter aufzählte. Dann setzt sie sich an den Tisch und klopft wieder erwartungsvoll mit ihrer kleinen Gabel auf den Tisch.

An diesem Tag hat Anna großen Hunger, weil sie vergessen hatte, ihr Essen für den Kindergarten mitzunehmen. Die Mutter kommt mit einem großen Topf Spaghetti an den Tisch, macht den Deckel auf und gibt ihrer kleinen Tochter ein paar Nudeln auf den Teller. Anna liebt es sehr, diese langen Nudeln zu essen. Sobald die Nudeln auf ihrem Teller sind, will sie anfangen zu essen, aber ihre Mutter sagt: „Stopp, zuerst beten!" Anna erwidert: „Ja, gut, darf ich beten?" Die Mutter bejaht.

Eilig faltet Anna ihre kleinen Hände, neigt den Kopf, macht die Augen zu und fängt an zu beten: „Lieber Gott, sei mit uns am Tisch und segne die Spaghetti, die uns schmecken werden. Amen!" Die Mutter gibt ihrer Tochter einen Kuss auf die Wange und sagt: „Danke für dein Gebet!"

DIE KAMERA

Meine erste Digitalkamera war eine DIGI-Kamera für 100 Euro, meine zweite eine Kodak für 330 Euro. Nach zwei Jahren war ich auch mit der Kodak nicht mehr zufrieden und schaute mich nach einer neuen Kamera um, nach einer Sony R1.

Ich habe mir diese Kamera sehr gut angeschaut, darüber gelesen und sie bei einem guten Freund im Studio ausprobiert. An einem Samstag beschäftigte ich mich wieder mal mit der Sony R1, die ich unbedingt haben wollte. Das Geld war auch da, aber sie war teuer: 850 Euro.

Den ganzen Nachmittag verbrachte ich mit dem Gedanken, ob ich die Kamera kaufen solle oder nicht.

Irgendwann bin ich vom PC aufgestanden und habe laut zu Gott gesagt: „Ich will diese Kamera so sehr und ich kaufe jetzt diese Kamera, wenn du mir hilfst, dass ich wenigstens diese 850 Euro wieder rein hole durch Aufträge."

Nach diesem Gebet war ich ruhig und ich hatte ein schönes Gefühl der Wärme und der Bestätigung. Ich fühlte, dass Gott damit einverstanden war, dass er mir dabei helfen würde, die 850 Euro mit dieser Kamera zu verdienen. Ich wusste nicht wie, aber ich wusste, dass Gott mir dabei helfen würde.

Natürlich hätte ich diese Kamera auch ohne Gott zu fragen kaufen können, aber ich wollte wissen, was er denkt und ob ich ihn auf meiner Seite hatte bei diesem Vorhaben. Nach diesen Gedanken habe ich mir diese Sony R1 Kamera für 850 Euro gekauft.

Ich hätte es nie für möglich gehalten, aber innerhalb der nächsten zehn Jahre verdiente ich mit der Kamera 7.000 Euro Taschengeld, durch kleine Aufträge wie Produktfotografie, Naturbilder und Veranstaltungen.

Wie sich doch oft etwas Schönes erfüllt, wenn man einen neuen Weg geht. Es hat sich in meinem Leben eine neue Tür aufgetan mit dieser Kamera, ein neues Talent, das ich noch nicht kannte, hat sich entwickelt. Viele haben meine Bilder gekauft, zum Beispiel Porsche, VW, DiBa-Bank, Focus Money und viele andere.

Ich hätte mir die Kamera ja auch kaufen können, sie für ein paar Tage benutzen und dann in die Ecke stellen können. Dann jedoch hätte ich die 850 Euro nicht wieder rein bekommen, geschweige denn, noch viel mehr Geld.

Die Sony hatte ich 10 Jahre, danach habe ich mir die Nikon D90 mit Objektiv und Zubehör für 1.500 Euro gekauft. Vor dem Kauf der Nikon-Kamera habe ich nicht lange überlegt, weil ich nun aus Erfahrung wusste, dass die Kamera sich bezahlt macht, mit weiteren Aufträgen.

Es ist wirklich möglich, dass man mit Gott reden kann und dass er einem sagt, was er vermitteln möchte. Gott interessiert sich für alles, was du tust und noch tun möchtest.

Er interessiert sich auch für eine Kamera, die du dir kaufen willst.

DER ANGELHAKEN

Als ich 14 Jahre alt war, fuhren meine Eltern, meine Oma und wir acht Kinder mit unserem blauen Wellensittich, im VW-Bus, für drei Wochen in den Urlaub nach Dänemark, in ein kleines Holzhaus an der Nordsee.

Das Auto vollgepackt führte uns der Weg zunächst von Freiburg nach Duisburg-Meiderich zu unserer Oma, wo wir einen Zwischenstopp einlegten und übernachteten. Am nächsten Morgen packten wir unsere Oma mit ins Auto und fuhren von Duisburg in einem Rutsch durch nach Dänemark, zu unserem Bestimmungsort.

Der VW-Bus war von oben bis unten vollgepackt mit elf Personen, einem Wellensittich und viel Gepäck. Die an uns vorbeifahrenden Autofahrer auf der Autobahn schauten uns ab und zu an und staunten nicht schlecht. Vielleicht dachte der eine oder andere: „Schau mal, da sind welche auf der Flucht!" Oder sie dachten: „Ein Heim voller Kinder ist unterwegs."

Wir Kinder hatten viel Spaß auf dieser langen Reise im Auto. Wir spielten, schliefen und langweilten uns auch. Immer hatte mindestens einer Hunger und Durst und immer fiel es einem ein, dass er oder sie auf die Toilette musste.

In Dänemark angekommen bezogen wir für drei Wochen ein kleines, praktisches und einfaches Holzhaus.

Mein Bruder David hatte zwei Angeln mitgenommen, eine kleine und eine große Angel. Ich als total unerfahrener Angler ging eines Tages mit der kleinen Angel und einem Angelhaken hinunter ans Meer. Ich suchte mir eine Stelle aus, irgendeine Stelle, befestigte den Haken, machte ein Gewicht daran (ein zu schweres Gewicht) und schleuderte die Angel hinaus. Beim Hinausschleudern sah ich wie in Zeitlupe, dass die Angelschnur riss und der Haken weggeschleudert wurde. Ich dachte, das kann doch nicht sein, aber dann wurde mir klar, dass die Gewichte, die ich daran befestigt hatte, zu schwer gewesen waren. So war der neue Haken meines Bruders nun verloren.

Ich stand da und dachte eine Weile nach. Ich prägte mir die Stelle ein, wo der Haken ins Wasser gefallen war, und ging nach Hause. Ganz früh am nächsten Morgen zog ich meine Badehose an und ging zu der Stelle, an der ich den Haken vermutete. Ich wusste nicht genau, wo der Haken gelandet war, aber ich versuchte eine Stelle ausfindig zu machen, um einen Anhaltspunkt für den Start meiner Suche zu haben.

Ich ging ins Wasser und suchte. Ich tauchte das erste Mal ab, dann das zweite Mal und dann das dritte Mal. Nach dem dritten Mal abtauchen überlegte ich mir, was ich da eigentlich tat. In mir kamen zum ersten Mal Zweifel daran auf, dass ich den Haken finden würde. Ich stand im Wasser und schaute nach unten auf meine Füße. Da sah ich irgendetwas, wusste aber nicht, was es war. Ich tauchte ab und holte es aus dem Wasser. Es war der neue Angelhaken, den ich verloren und nun wieder gefunden hatte.

So ein Erlebnis mit 14 Jahren, das war ein Wunder für mich. Auf dem Heimweg sprach ich mit Gott und dankte ihm für dieses großartige Erlebnis. Es war ein Tag, den ich nie vergessen werde. Diese Art von Wunder erlebe ich nicht immer, aber ab und zu.

DIE MAUTSTRASSE

Ich fuhr einmal eine Gebirgsstraße entlang, eine 20 km lange Mautstraße bei Vorderriß zwischen Österreich und Deutschland. Auf beiden Seiten erhoben sich gewaltige Berge. Rechts war ein sehr schöner Gebirgsfluss. In bestimmten Abständen konnte man von der Straße abfahren und parken. Nach einer Weile fuhr ich von der Straße ab und nahm eine dieser Parkmöglichkeiten wahr. Ich machte eine halbe Stunde Pause.

Als ich ausgeruht war, stellte ich den Motor wieder an und fuhr langsam los. Drei Meter vor mir war eine Schneedecke. Ich überlegte nicht lange und fuhr über den Schnee.

Aber ich kam nicht weit, blieb im Schnee stecken und kam aus eigener Kraft nicht mehr heraus. Weit und breit sah ich keine Hilfe. Die Straße war abseits und wenig befahren. Ich war irgendwo tief im Gebirge im Schnee stecken geblieben. Es wurde dunkel und kalt. Ich saß im Auto und machte mir Sorgen. Ich hatte Angst.

Ich betete zu Gott, er möge mir helfen, wenn möglichst bald, und jemanden vorbeischicken, der mir helfen würde. Eine Weile später, die sich wie eine Ewigkeit angefühlt hatte, kam ein Auto, hielt an und parkte. Ich sah im Rückspiegel, wie eine Frau und ein Mann aus dem Auto stiegen. Ich traute mich nicht auszusteigen, um sie zu fragen, ob sie mir helfen würden. Ich erkannte in diesem Moment nicht, dass diese zwei Menschen mir helfen wollten.

Die Frau und der Mann kamen auf mich zu und fragten: „Können wir Ihnen helfen?" Ich sagte: „Ja!" Nach einer halben Stunde war mein Auto vom Schnee befreit. Ich dankte der Frau und dem Mann für ihre Hilfe. Ich dankte Gott!

DIE SCHRIFTLICHE PRÜFUNG

Vor einigen Jahren befand ich mich vor meiner Prüfung zum Bürokaufmann – meinem zweiten Beruf. Zwei Tage vor der schriftlichen Prüfung gab mir mein Bruder David einen Segen (Gebet).

Mir wurde u.a. gesagt, dass ich mich an all das Gelernte erinnern werde in Gedanken und in Bildern. Nach dem Gebet dachte ich darüber nach, was diese Aussage wohl zu bedeuten habe. Zwei Tage vergingen und ich befand mich in der schriftlichen Prüfung. Die ersten Aufgaben liefen sehr gut, die letzten Aufgaben klappten auch ganz gut, aber für die drei Aufgaben in der Mitte fand ich keinen Lösungsweg.

Ich geriet in Panik!

Die drei Aufgaben waren wichtig. Eine ganze Weile lang fand ich keinen Lösungsweg. Aber dann, auf einmal erinnerte ich mich wieder daran, dass ich so eine ähnliche Aufgabenstellung schon ein paar Mal durchgearbeitet hatte.

Ich erinnerte mich daran in Bildern und ich wusste auf einmal, wie ich diese Aufgaben lösen konnte. Verstanden habe ich diese drei Aufgaben trotzdem nicht, aber ich wusste den Lösungsweg. Erst nach der Prüfung fiel mir wieder ein, was mir zwei Tage zuvor im Gebet gesagt worden war.

Gott wirkt wirklich auf seine Weise für jeden Menschen spezifisch.

DANIEL IN DER LÖWENGRUBE

Vor vielen Jahren war ich ohne Arbeit und hatte meine zweite Ausbildung noch nicht, da war ich in der Freiburger Innenstadt. Es war kalt und regnete, es war dunkel und nebelig. Ich irrte umher und wusste an diesem Abend nicht, wo ich hin wollte.

Ich fragte mich immer wieder: Warum bin ich auf dieser Erde? Ich fragte Gott dies an diesem Abend und bekam keine schnelle Antwort, so wie ich es wollte.

Nach einer Weile war es mir wirklich sehr kalt und ich war müde. Ich befand mich gerade vor dem alten Kino, in dem ein Gottesdienst stattfand, von der Studentengemeinde in Freiburg. Ich ging ins Kino zur Versammlung hinein, weil ich wusste, dass es warm war und die Stühle sehr bequem, so dass ich ein wenig schlafen konnte.

Als ich im Kino war, sah ich viele Studenten und einen Pastor, der seine Predigt abhielt. Ich suchte mir einen Stuhl aus, setzte mich hin und wollte schlafen. Da hörte ich auf einmal einen Satz vom Pastor, der tief in mein Herz drang: „Gott hat mit Daniel noch viel vor!" Ich hörte diesen Satz, als ob Gott ihn mir gesagt hätte. „Gott hat mit Daniel noch viel vor!" Ich wiederholte diesen Satz bestimmt noch ein paar Mal und erkannte, dass dies die Antwort war – von Gott. An diesem Abend predigte der Pastor aus der Bibel und erzählte von Daniel in der Löwengrube.

Die Geschichte von Daniel in der Löwengrube steht in Daniel 6:1 – 28.

ERINNERUNGEN

ZU BESUCH BEI OMA

Zu unserer Familie gehörte auch meine liebe Oma, die Mutter meiner Mutter, Irmgard Stebner. Meine Oma wohnte im Ruhrgebiet in Duisburg-Meiderich in der Spichernstraße 70, in einer kleinen Zweizimmerwohnung. Sie wohnte in der Nähe vom Marktplatz, von ihrem Metzger, von der Apotheke und von ihren Ärzten. Die Wohnungen in ihrem Haus wurden direkt nach dem zweiten Weltkrieg gebaut und seitdem nicht viel verändert. Im Bad gab es noch den alten Wasserboiler, auch Wasserspeicher genannt, den man mit einem Streichholz anmachen musste. Die Badewanne sah so ganz anders aus: Sie war so hoch wie ich; weil ich so klein war, musste ich Anlauf nehmen, um in die Wanne zu gelangen.

Der Mann meiner Oma war älter als sie und starb mit 70 Jahren. Meine Oma lebte einfach mit ihrer guten Rente. Wenn sie einmal etwas kaufte, dann war es ein Kühlschrank, eine Waschmaschine, ein Ofen oder ein Fernseher, aber nur dann, wenn eines der Geräte kaputt war. Sie hat eine Tochter (meine Mutter) und acht Enkelkinder, von denen ich eines bin. Oma besuchte uns drei- bis viermal im Jahr und immer, wenn sie bei uns ankam, war es laut in der Wohnung. Meine Oma redete sehr gern und laut, damit brachte sie neuen Schwung und

Leben in die Familie Daum. Jedes der Enkelkinder bekam von ihr Taschengeld: Am Anfang waren es 25 Mark und dann in den späteren Jahren 50 Mark pro Kind.

Während meiner Ausbildungszeit in Nürnberg von 1989 bis 1993 als Technischer Zeichner im Fachbereich Feinwerktechnik besuchte ich sie einmal und fuhr mit dem Zug von Nürnberg Hauptbahnhof nach Duisburg. Ich weiß noch, ich war damals noch ganz jung und richtig grün hinter den Ohren. Der Ruhrpott war für mich wie ein anderes Land, andere Menschen mit einem anderen Dialekt. Die Ruhrpotter sind sehr liebenswerte Menschen.

Am Bahnhof Duisburg also kam ich an und fuhr dann mit einem Taxi nach Duisburg-Meiderich in die Spichernstraße 70. Diese ganze Reise war so aufregend und schön für mich. Ich verbrachte zehn Tage bei meiner Oma.

Ich kann mich noch daran erinnern, dass ich im Sommer bei ihr war. Es lief Wimbledon. Ich schaute mir die Spiele von Steffi Graf und Boris Becker an. Ich war sehr gern bei Oma. An einem Nachmittag, es war sehr schön und heiß draußen, saßen Oma und ich am Fenster. Wir beide hatten die Arme auf der Fensterbank und schauten hinaus. Wir beobachteten gemeinsam das Treiben auf der Spichernstraße. Es war so üblich im Ruhrpott, dass Menschen an ihrem Fenster saßen und hinausschauten, um zu sehen, was es Neues gab. Es war ein sehr schöner Moment, mit Oma am Fenster zu sitzen. Wir redeten auch über verschiedene Themen, so dass die Zeit davon flog.

Schöne Momente im Leben sind es wert, dass man sie aufschreibt und dass man sich daran erinnert. Die Zeit mit Oma am Fenster war wunderschön. Solche Zeiten können wir immer wieder erleben, so auch mit Gott.

DIE FLÖTENLEHRERIN

Vor nicht langer Zeit hatte ich den Wunsch, eine Lehrerin von der Grundschulzeit zu sehen. Sie ist und war mir sehr positiv in Erinnerung. Sie hatte immer eine positive Freundlichkeit. Bei ihr hatte man das Gefühl, etwas Besonderes zu sein.

Vor einigen Wochen war ich einkaufen. Es gab keine Milch mehr im Supermarktregal. Auf dem Heimweg machte ich Halt bei einer größeren Bäckerei, um Milch zu kaufen. Der Laden war klein und sehr teuer. Nun ging ich hinein in den Laden, holte die Milch mit 3,5 % Fett und ging zur Kasse. An der Kasse stand eine ältere Frau. Sie sprach mich an mit „Daniel"! Ich erkannte sie auf Anhieb. Da war sie – meine Grundschullehrerin im Fach Musik, die ich so gerne wiedersehen wollte. Oh, das war so schön, sie zu sehen. Wir sprachen ein wenig miteinander. Sie ist heute über 70 Jahre alt. Ich spürte eine so große Freude in mir, jemanden zu treffen, den ich schon sehr lange kannte.

Bei ihr hab ich das Spielen auf der Blockflöte gelernt. Die Blockflöte hat mir dazu verholfen, dass ich später zu einer Trompete wechselte. Musik spielte in unserer Familie auch immer eine große Rolle. Mein Vater spielt Orgel, Klavier und Akkordeon. Meine Mutter spielt Querflöte. Alle Geschwister spielen ein oder zwei Instrumente.

Zusammen mit meinen Brüdern habe ich bei „Jugend musiziert" im Trio Trompete gespielt. Wir haben sogar einen Preis gewonnen.

TOD EINES FREUNDES

Meine Grundschule war eine Ganztagsschule. Eines Tages stand an der Tür ein neuer Junge. Er war größer als ich, hatte rote Haare und Sommersprossen. Ganz verlegen und schüchtern sah ich ihn da stehen. Dann lief er sehr langsam los, fiel dann plötzlich zu Boden und fing an zu weinen.

Ich war ganz irritiert, warum fällt er hin und warum weinte er?

Sein Name war Peter, er weinte, weil er sich beim Hinfallen wehgetan hatte.

Am Anfang, als Peter neu in die Schule kam, konnte er noch laufen. Nach ein paar Wochen bekam er einen Rollstuhl, mit dem er sich mit seinen Beinen und Armen fortbewegen konnte. Als das nicht mehr ging, bekam Peter einen roten elektronischen Rollstuhl (E-Stuhl).

Als Peter den E-Stuhl bekam, genoss er die neue Freiheit in vollen Zügen. Sein E-Stuhl fuhr 10 km/h. Das war schnell; im Auto fühlte es sich langsam an.

Peter und ich, wir wurden sehr gute Freunde. Um unsere Schule herum war ein großer Park mit vielen Wegen und Seitenwegen und mit vielen Bäumen.

Wir, also Peter mit seinem E-Stuhl und ich hinten drauf auf der Batterie stehend, fuhren oft in den Park und spielten, was uns einfiel. An manchen Tagen war sein E-Stuhl ein Pferd, ein Auto, eine Kutsche, ein Rennwagen oder ein Raumschiff, je nach dem, was wir gerade spielten. Unsere Fantasie war grenzenlos, weil wir Spaß hatten, weil wir Freunde waren und weil wir Kinder waren.

Nach ein paar Jahren konnte Peter seinen E-Stuhl nicht mehr bedienen, weil seine Muskelkraft zu schwach war. Er konnte auch nicht mehr in die Schule kommen. Er war ans Bett gebunden. Es verging noch ein Jahr, bis er verstarb. Was Peter genau hatte, das weiß ich nicht, aber mein Herz sagte mir, dass ich einen sehr guten Freund verloren hatte.

Peter war nicht mehr da. Ich war allein in meiner Freizeit. Ab diesem Zeitpunkt fuhr ich allein mit dem Fahrrad in den Park. An manchen Tagen war mein Fahrrad ein Pferd, ein Auto, eine Kutsche, ein Rennwagen oder ein Raumschiff. Aber es war nicht mehr so wie früher, als Peter noch da gewesen war mit seinem E-Stuhl.

Das war meine erste Erfahrung mit dem Tod und mir wurde klar, dass unser Leben vergänglich ist. Egal wie lange eine Freundschaft besteht, auch wenn die Freundschaft nur einen Tag andauert, es lohnt sich!

ES GIBT TAGE, AN DENEN ICH GOTT VERGESSE

Ein Tag wie gestern: Ich bin um 7:00 Uhr aufgestanden und gleich ab ins Bad für 30 Minuten. Danach war ich um 8:00 Uhr beim Aldi und habe dort acht Handtücher gekauft. Daheim wieder angekommen, habe ich gleich die alten Handtücher aussortiert und die neuen in den Schrank gelegt und gleichzeitig noch meine Wohnung ein wenig aufgeräumt. Um 11:15 Uhr hab ich zu Mittag gegessen bei meiner Mutter. Sie hat für mich gekocht und einen sehr schönen Geburtstagstisch gedeckt. Um

11:45 Uhr war ich in der Bäckerei und habe die 25 Muffins abgeholt, für meine Abteilung in der Arbeit. Von 12:45 bis 16:45 Uhr war ich arbeiten. Um 17:35 Uhr war ich wieder zu Hause. Meine Mutter, mein Vater, meine Schwester und ich fuhren nach Zell, eine Autostunde von uns entfernt, zu einer Ausstellung meines Neffen Lukas. Er ist 12 Jahre alt und ein Ausnahmetalent. Die Ausstellung fand in der Sparkasse statt. Das MDR Fernsehen war auch dort. Lukas malt sehr schöne Bilder. Danach waren wir allesamt beim Dönerladen um die Ecke und um 22:00 Uhr fuhren wir wieder heim. Um 24:00 Uhr lag ich im Bett. Das war der Tag, an dem mein Geburtstag war. Es war ein sehr schöner und abwechslungsreicher Tag.

Solche Tage, an denen ich Gott vergesse, sind nicht selten. Aber nie habe ich Gott für einen längeren Zeitraum vergessen. Es ist nicht schlimm, denn Gott weiß, dass wir Menschen oft so mit uns und mit dem Leben beschäftigt sind, dass wir ihn vergessen. Gott freut sich, wenn wir uns wieder an ihn erinnern und zu ihm beten.

Es gibt Christen. die beten für jeden Schritt, also jeden Tag und viele Male am Tag und für jede Entscheidung, die sie treffen. Das ist in Ordnung, man kann das tun, aber ein solcher Tag ist sehr anstrengend. Gott will auch, dass der Mensch, also du und ich, dass wir selbständige Entscheidungen treffen.

Wann wir mit Gott reden, wenn es zum Beispiel um Entscheidungen geht, muss jeder für sich herausfinden. Wichtig ist, zu wissen: Wir dürfen und wir sollen jederzeit Gott fragen, egal um was es geht. Oftmals stehen wir vor einer Kreuzung und wir beten zu Gott: „Welchen Weg soll ich gehen?" Wir bekommen vielleicht eine Antwort von Gott: links, geradeaus oder rechts. Manchmal aber auch sagt Gott uns nichts, weil er möchte, dass wir selbst die Entscheidung treffen, weil er weiß, dass wir uns für den richtigen Weg entscheiden.

OH NEIN

Im März 2001 flog ich von Frankfurt nach San Francisco. Vor dem Abflug reservierte ich mir einen Mietwagen für drei Wochen. Ein Auto mit Handgas und Handbremse auf der rechten Seite. Es war eine Premiere: Das erste Mal in meinem Leben mietete ich ein Auto. Den ganzen Flug lang war ich gespannt. Mein Plan war, von San Francisco nach Salt Lake City zu fahren, also in den Norden und wieder zurück in den Süden.

Endlich in San Francisco angekommen, holte ich mein Gepäck und fuhr mit meinem Roller zur Autovermietung. Am Schalter übergab man mir die Papiere und den Schlüssel zum Auto und teilte mir mit, wo ich das Auto abholen sollte. Alles kein Problem. Ich rollte zur Abholstelle und gab dort am Schalter die Papiere ab. Der nette Mann sagte:

„Dort in der ersten Reihe steht Ihr Auto." Ich sah nur die Hälfte der Autos, weil direkt daneben ein großer Pfosten mir die Sicht versperrte. Also ging ich mit dem Schlüssel zu dieser Autoreihe und drückte auf den Schlüssel, weil ich ja nicht wusste, welches denn nun mein Auto war. Ich war überzeugt, dass mein Auto eines der kleineren Autos sein würde, aber dem war nicht so: Da stand ein Auto, weiß und sehr groß, das war meins. Ich bin fast aus den Latschen gekippt vor Verwunderung. Ich ging zurück zum Schalter und fragte zur Sicherheit nach, ob dies wirklich mein Auto war. Der Mann lächelte und bestätigte es.

Mit einer Heidenangst ging ich zurück zu dem großen weißen Auto und dachte: „Oh nein, wie soll ich mit einem so großen Auto fahren?" Dreimal lief ich um das Auto herum, machte dann die Fahrertür auf, kletterte hinein, schaute mir alles an, probierte aus und kam zu dem Entschluss, dass es schon irgendwie gehen würde.

Ich stieg wieder aus, lud mein Gepäck in den Kofferraum und fuhr sehr langsam aus dem Parkgebäude auf die Straße. Nach ein paar Meilen hielt ich an einem See, wo ich erst mal verschnaufen musste. Dass ich es bis dahin geschafft hatte…

Wenn Menschen sahen, wie ich aus dem Auto ausstieg, machten sie große Augen, dass ein so kleiner Mann so ein großes Auto fuhr. Zweimal wurde ich von Polizisten angehalten. Auch die haben gestaunt.

Nach einer Weile war ich dann doch stolz, ein solches Auto fahren zu können und zu dürfen. Mit diesem Auto bin ich über 6 000 Kilometer durch die Staaten gefahren. In dieser Zeit war mein bester Freund dieses große, weiße Auto.

EHRENAMTLICH

Unmittelbar nach meiner Ausbildung als technischer Zeichner habe ich eine zweijährige ehrenamtliche, christliche Mission erfüllt. Mein Missionsgebiet war in Norddeutschland. Für mich und meinen Mitarbeiter, der über 2 Meter groß war, stand ein Auto zur Verfügung.

In den zwei Jahren habe ich gelernt, auf eigenen Füßen zu stehen. Ich musste für mich selbst sorgen: einkaufen, kochen, putzen, Wäsche waschen usw.

Ich habe auch gelernt, auf Menschen zuzugehen und mit ihnen über Glaubensfragen zu sprechen. Außerdem durfte ich lernen, wie man guten religiösen Unterricht hält und Menschen zum Nachdenken anregt.

Leicht war es nicht immer, mit unterschiedlichen Mitarbeitern auszukommen, die manchmal kaum Deutsch sprachen, aber durch meine große Familie war ich darauf gut vorbereitet, auch mit Schwierigkeiten fertig zu werden.

BEGEGNUNGEN IM ALLTAG

An trüben und einsamen Tagen können wir Menschen begegnen, durch die wir wieder Hoffnung erlangen für unser Leben und für unsere Wünsche. In der Winterzeit gibt es viele dunkle, neblige und trübe Tage. Wenn wir hinausgehen, dorthin, wo es Menschen gibt, können wir Begegnungen erleben, die Licht, Freude und Liebe ins Dunkle bringen. Wir sind nicht allein. Gehen wir zur Tür hinaus und erleben Begegnungen mit Menschen, die wir kennen und die wir kennen lernen. Um die Einsamkeit zu besiegen, müssen wir den Schritt zur Tür hinaus wagen!

An einem Montag war ich einkaufen, seit sehr langer Zeit mal wieder in Freiburg. Zum Mittagessen war ich in der Kantine der Deutschen Bundesbahn. Ich war seit zwei Jahren nicht mehr dort. Jeder darf dort essen. Für 4,50 Euro bekommt man ein Hauptgericht mit Salat sowie Nachtisch und Getränk. Das Essen schmeckt fein und gut. Ich nahm ein Tablett und holte mir das Essen. Auf der Suche nach einem Tisch sah ich eine alte Frau, um die 75 Jahre alt, allein an einem Tisch sitzen. Ich ging zu ihrem Tisch und fragte, ob ich mich dazu setzen dürfe. Sie sagte: „Ja, gern!"

Ich setzte mich hin und fing an zu essen. Die alte Frau und ich, wir kamen ins Gespräch. Sie sagte: „Ich komme zweimal die Woche hierher zum Essen. Es schmeckt sehr gut. Nur muss ich das Essen schnell essen, weil es sonst kalt wird." Ja, das stimmte. Sie aß ihr Essen sehr schnell und es war lustig, für mich, das zu sehen. Ihren Salat und Ihren Nachtisch aß sie danach sehr langsam. Kantinenessen hält nicht lange warm, aber das ist in Ordnung, ich esse trotzdem langsam. Es war sehr schön, angenehm und lustig, mit der alten Dame am Tisch Mittag zu essen.

OMA UND DER UROPA

Zu unserer Familie gehörte auch meine liebe Oma Irmgard Stebner, die Mutter meiner Mutter. Sie ist zwei- bis dreimal im Jahr für sechs Wochen zu Besuch gekommen, um meine Mutter bei der Haus- und Gartenarbeit zu unterstützen. Sehr gern ist sie auch immer mit uns in Urlaub gefahren. Nachmittags ist sie mit uns Kindern oft auf den naheliegenden Waldspielplatz gegangen, wo wir uns so richtig austoben konnten. Oma war immer sehr hilfsbereit und voller Energie. Sie hat für die ganze Familie endlos viele Wollsocken gestrickt. Im letzten halben Jahr vor ihrem Tod lebte sie ganz bei uns. Leider starb sie schon im Alter von 80 Jahren bei uns zu Hause. Wir hätten sie sehr gern noch länger bei uns behalten.

Der Großvater meines Vaters, Josef Daum, lebte zehn Jahre lang mit uns im gleichen Haushalt. Er war sehr lieb und der ideale Babysitter, weil er immer sehr gern mit uns spazieren ging. Die zwei kleinsten Geschwister saßen im Zwillingswagen und rechts und links liefen wir Großen mit. Uropa war im ganzen Dorf bekannt, weil er nicht nur mit uns jeden Tag spazieren ging, sondern auch immer freudig Lieder sang, die über das ganze Tal schallten. Uropa war sehr kontaktfreudig. Er hat es nie versäumt mit den Leuten im Dorf ein Schwätzchen zu halten. Als Uropa 90 Jahre alt wurde, gab es sogar ein Foto mit ihm plus Kinderwagen und zwei weiteren Kindern in einem Bericht in der Zeitung.

Uropa hat jeden Tag beim Bauern frische Milch geholt und uns Kinder mitgenommen. Mich hat er in meinem ersten kleinen Kettcar an einem Seil hinter sich hergezogen. Die anderen Geschwister liefen voraus. Auch kann ich mich noch gut erinnern, dass er jeden Tag die Zeitung und viele gute Bücher las. Sein obligatorischer Kopfstand jeden Morgen durfte auch nicht fehlen. Er sagte immer: „Das Blut muss auch immer mal in eine andere Richtung fließen". Uropa hat jeden Tag für unsere ganze Familie gebetet. Von Beruf war Uropa Schneider. Er hat alles ausgebessert und geflickt, was bei uns acht Kindern reichlich nötig war. Uropa verstarb im Alter von fast 93 Jahren, auch bei uns zu Hause. Uropa und Oma waren ein wichtiger Bestandteil meines Lebens, für den ich sehr dankbar bin.

AKTIV IM ALTAG

ETWAS TUN

In einer Unterrichtsstunde fragte die Lehrerin: „Was würdet ihr Euren Kindern geben, wenn ihr im Sterben liegt?" Spontan kam mir der Gedanke und ich hab ihn auch ausgesprochen: „Ich würde jeden meiner Kinder einen Werkzeugkasten geben." Alle schauten mich fragend an. Ich war selbst verwundert, dass ich das gesagt hatte. Im Nachhinein habe ich mir Gedanken gemacht über einen Werkzeugkasten für jedes meiner Kinder mit dem passenden Werkzeug für seinen weiteren Lebensweg.

Als kleiner Bub kaufte ich mir einen eigenen Werkzeugkasten mit Inhalt. Ich war sehr stolz darauf und fing gleich an, damit alles auseinander zuschrauben und wieder zusammenzuschrauben, aber das mit dem Zusammenschrauben klappte nicht immer und ich brauchte dafür sehr viel mehr Zeit.

Mit dem Werkzeug habe ich mein Kettcar, Roller, Rollschuhe und mein Fahrrad repariert.

Etwas tun bedeutet auch, aus eigenem Antrieb Fertigkeiten zu erlernen. Etwas Neues zu lernen, macht Spaß. Vieles brachte ich mir selbst bei, wie zum Beispiel das Fotografieren, digitale Bildbearbeitung, Malen mit verschiedenen Farben und Grafikgestaltung.

Alles Neue, das wir lernen, fängt damit an, dass wir uns einen Werkzeugkasten kaufen und ihn mit Gegenständen und Eigenschaften füllen. Drei Eigenschaften sind wichtig: Die Idee, die Begeisterung und das Durchhalten.

Wenn ich etwas Neues lernen möchte, tue ich alles dafür, dass ich es kann, egal um was es geht. Wichtig ist, dass ich es gern tue und dass ich es lerne, bis ich es sehr gut beherrsche. Oft war ich verzweifelt, weil ich nicht wusste, wie ich den einen oder anderen Auftrag eines Kunden umsetzen sollte. Ich arbeitete und lernte Bildbearbeitung und bekam Aufträge mit genauen Angaben, wie der Kunde es haben wollte. Die Umsetzung war manchmal nicht leicht. Ich brauchte mehr Zeit, aber ich habe es dann doch geschafft. Ich habe oft um eine Lösung gebetet und Gott gefragt. Nicht immer hat er mir sofort geholfen, aber seine Hilfe kam immer, wenn ich sie brauchte.

Ich bekam einmal einen großen Fotoauftrag und wusste nicht, wie ich diesen Auftrag umsetzen sollte. Während des Kundengesprächs am Telefon sagte ich den folgenden Satz: „Oh, es tut mir leid, ich kann diesen Auftrag nicht annehmen!" Der Kunde am Telefon sprach weiter und wirkte, als ob er meinen Satz nicht gehört hatte. Nun dachte ich nicht daran, meinen Satz zu wiederholen und nahm den Auftrag doch an. Ich brauchte Zeit, aber ich löste alle Probleme dieses Kundenauftrags und war stolz. Ich verdiente 400 Euro an diesem Auftrag.

Es macht Spaß, etwas Neues zu lernen und dabei Gott zu fragen, wie etwas funktioniert, wie ich es umsetzen kann, damit ich zum gewünschten Erfolg gelange. Gott hat auch Zeit für solche Fragen. Er hat Zeit für die einfachsten und für die schwersten Dinge unseres Lebens.

Vieles Neue kann man lernen, auch das Beten. Dieses Reden und Zuhören mit Gott ist ein Erleben, das so schön ist, wie man es sonst nicht findet. Beten lernt man, indem man einfach anfängt, mit Gott zu reden und dann zuhört und seine Liebe fühlt.

SCHÖPFERISCHES HANDELN

Ein Gefühl der Leere – gerade in solchen Momenten ist Gott bei uns. Es beginnt die Zeit für schöpferisches Handeln. Viele Menschen aus der Vergangenheit waren schöpferisch tätig und viele Menschen in unserer Gegenwart sind jetzt gerade schöpferisch tätig oder sie werden es bald sein.

Schöpferisches Handeln fordert uns auf, aktiv und kreativ zu werden, etwas zu tun, damit anzufangen, etwas zu tun, was wir vorher noch nie getan haben.

Schöpferisches Handeln ist Kreativität pur und fördert im Allgemeinen die Fähigkeit, etwas vorher nicht da gewesenes, originelles und beständiges Neues zu tun. Oder etwas zu tun, das schon da ist, aber das man besser macht als das vorherige, das schon da war.

„Der Begriff Kreativität geht auf das lateinische Wort creare zurück, was so viel bedeutet wie „etwas neu schöpfen, etwas erfinden, etwas erzeugen, herstellen", aber auch die Nebenbedeutung von „auswählen" hat. Der Begriff enthält als weitere Wurzel das lateinische "crescere", das "geschehen und wachsen" bedeutet. Diese Doppelschicht der Kreativität zwischen aktivem Tun und passivem Geschehen-Lassen findet sich auch in modernen Kreativitätskonzepten (s. Csikszentmihalyi 1996, Runco 2007, Holm-Hadulla 2010)." Wikepedia-Eintrag „Kreativität".

Schöpferisch tätig zu sein kann für jemanden bedeuten, dass er oder sie sich eine Nähmaschine kauft, anfängt zu nähen und sich dadurch neue Fähigkeiten aneignet.

Es gibt unendlich viele Beispiele dafür, wie man im Leben schöpferisch tätig sein kann. Gott will uns helfen. Wenn wir zu ihm kommen, so kommt auch er zu uns. In Gott finden wir die Quelle der unendlichen Möglichkeiten der Kreativität unseres Handelns.

Johannes 15:5: „Ohne mich könnt ihr nichts tun!" In Matthäus 19:26 finden wir die Verheißung: „Bei Gott sind alle Dinge möglich." Diese Aussage trifft auf jeden Menschen zu.

Was bedeutet unsere Hilflosigkeit bei Gott? Sie bedeutet, dass Gott uns hilft, dass er uns nach seinem Zeitplan hilft. Die Zeit des Wartens steht auf dem Zeitplan, den Gott für uns vorgesehen hat.

„Er sagte zu ihnen: Euch steht es nicht (nicht immer, oftmals doch) zu, Zeiten und Fristen zu erfahren, die der Vater in seiner Macht festgesetzt hat." Apostelgeschichte 1:7. Gottes Verheißungen gehen oft davon aus, dass wir vertrauensvoll ihn die Zeit bestimmen lassen, weil er die Möglichkeit hat, um ein paar Ecken weiter zu sehen als der Mensch. Schöpferisch tätig zu sein verlangt von uns mehrere Eigenschaften: Mut zu haben für etwas Neues, aktive Lebensgestaltung, Loslassen können, Glaube und Vertrauen in Gott, dass alles zur rechten Zeit geschehen wird.

Als Christus starb, mussten die Menschen auch loslassen und warten – drei ganze Tage lang. Dann, am dritten Tag, kam die Auferstehung. Christus ist auferstanden und hat sich den Menschen gezeigt.

Mit der Auferstehung hat Christus das ewige Leben vollbracht. Auch Christus hat sich dem Zeitplan seines Vaters unterworfen, indem er zum Vater im Garten Getsemani sagte: „Vater, alles ist dir möglich. Nimm diesen Kelch von mir! Aber nicht, was ich will, sondern was du willst soll geschehen." Markus 14:36. Glauben und Loslassen sind keine Gegensätze; Glauben und Loslassen bedeuten, Jesus zu vertrauen, so wie der Sohn seinem Vater vertraut. Christus lehrte auch, „dass sie (wir) allezeit beten und darin nicht nachlassen sollten". Lukas 18:1. „Wacht und betet", so sprach er. Matthäus 26:41.

DIE BUNTEN FARBEN

Ein Bild zu malen mit bunten Farben kann meiner Meinung nach viele Arten von Therapien ersetzen. Natürlich ist eine Therapie wichtig und soll in Anspruch genommen werden, wenn es so sein muss. Was ich damit ausdrücken will, ist, dass Malen mir unwahrscheinlich hilft und dass ich mich nach einem gemalten Bild sehr gut fühle.

Gemalte Bilder drücken den momentanen Gefühlszustand dessen aus, der malt, aber viel wichtiger ist es, dass der, der malt, sich gut dabei fühlt. Beim Malen erschafft man etwas mit den Händen, mit den Gedanken, mit den Gefühlen und mit der eigenen Kreativität und mit den Bewegungen des Pinsels.

Malen ist eine Form des schöpferischen Schaffens und spiegelt unser Inneres wieder, das wir durch das Malen nach außen bringen. Wenn ich anfange, ein Bild zu malen, weiß ich oftmals nicht wirklich, was und wie ich anfangen soll, aber irgendwann fange ich einfach an und male bis ich fertig bin.

Ich nehme ein großes weißes Papier, verschiedene Farben und einen Pinsel. Ich tauche den Pinsel in eine Farbe, überlege einen Moment und male dann mit dem Pinsel erst in der Luft vor und gehe danach mit dem Pinsel auf das Papier und male das, was ich mir erdacht habe.

Nach einer Weile betrachte ich das gemalte Bild und finde es meistens nicht schön. Wenn ich dann aber zur Toilette gehe oder in die Küche und dann eine Weile später wieder zurückkomme und mir das gerade eben gemalte Bild wieder anschaue, sehe ich Dinge, die ich vor ein paar Minuten noch nicht gesehen hatte. Ich stelle fest, dass mir das Bild sehr gut gefällt. Deswegen gehe ich oft vom gemalten Bild weg und nehme Abstand und nach einer Weile schaue ich mir das Bild an und es gefällt mir. Wenn ich mit dem Malen fertig bin, treffe ich daher auch niemals gleich die Entscheidung, ob ich das Bild behalten oder verwerfen soll, sondern erst, nachdem eine bestimmte Zeit vergangen ist.

Malen ist eine Form des schöpferischen Handelns und daher auch eine Art Therapie, die mir hilft aktiv und schöpferisch tätig sein zu dürfen. Nach einem gemalten Bild ist dieser Tag lebenswert.

UNSER LEBEN IST BUNT

Von Miriam Gesell: „Unser Leben ist wie ein bunter Salat. Manchmal glaubt man im Essig zu ertrinken und manchmal surft man auf einen Kräutercrouton ganz oben auf... oder dann doch zwischen Radieschen und Rucola? Etwas scharf und bitter, süß oder sauer ... ja... ich kann das Leben manchmal auch als bunten Salat bezeichnen.

Es liegt ja an jedem selbst, ob er auch einen süßen Apfel mit hinein schnipselt oder zu viel Senf in das Dressing macht. Sicher muss man im Leben auch so manches Salatrezept austesten, ehe man spürt, wann welche Zutat die richtige ist.

Der Vergleich Salat ist fast noch besser als die Schichten der Zwiebel... Und es gibt so viele gute Salate! Ein Salat ist vielschichtig und vielseitig in der Zusammenstellung, im Geschmack und in den Farben, so wie unser Leben."

BROT BACKEN

Unteribental, wo ich aufgewachsen bin, ist ein kleines Dorf mit ungefähr 300 Bewohnern mit sechs Bauernhöfen in unmittelbarer Umgebung. Einer der Höfe hatte eine eigene Backstube, betrieben mit Holzfeuer. Einmal in der Woche wurden fünf Brotlaibe gebacken. Wir Kinder rannten, spielten und fuhren mit unseren Fahrrädern im Hof auf und ab und wenn das Brot fertig gebacken war, bekamen wir eine große Brotscheibe mit Butter und selbstgemachter Kirschmarmelade. Das Brot mit der Butter und mit der Marmelade war so lecker, ich kann mich heute noch sehr gut daran erinnern, auch an den Brotgeruch und an den Geschmack. Seit meiner Kindheit habe ich kein so gutes Brot gegessen.

Dieses leckere Bauernbrot schmeckte so gut, dass man auch eine Brotscheibe ohne alles gern gegessen hat. Wenn das Brot aus dem Ofen kommt, ist es wohlriechend, die Kruste dunkelbraun und das Innere weich mit Löchern, die man dann mit Butter und Marmelade stopfen kann. Ein Bauernbrot ist groß; man kann es nach dem Backen und Abkühlen in Scheiben schneiden und sogleich einfrieren und nach Bedarf wider auftauen und es schmeckt wie frisch gebacken.

Ein Brotrezept von K.R.

Lockeres und schmackhaftes Weißbrot durch Kneten und Schlagen des Teiges

ZUTATEN
1 Pfund Weißmehl (Typ 405)
4 – 5 EL Öl
2 gestrichene TL Salz
1 Würfel Hefe
2 TL Zucker
300 ml angewärmte Milch (evtl. mehr oder weniger)

Bereiten Sie den Teig wie folgt zu: Mehl durchsieben, eine Vertiefung bilden und Hefe darin zerbröckeln. Zucker darüber streuen, 4 EL angewärmte Milch dazu gießen und die Hefe, Zucker und ein wenig Mehl, was beim Rühren zu einem Kloß hinein rutscht, zusammenfügen. Im vorgewärmten Herd abgedeckt bei 50 °C 15 Minuten gehen lassen. Danach Teig gut durchkneten und schlagen, wobei jetzt noch das Öl und das Salz hinzugefügt werden. Wiederum gehen lassen, bei 50 °C ca. 30 – 45 Minuten.

Nochmals kurz durchkneten und schlagen und in die eingefettete Kastenform legen. Ein letztes Mal wie oben gehen lassen, bis der Teig ca. 2 cm über dem Kastenrand steht. Backen: E-Herd bei 170 °C 60 – 70 Minuten, mittlere Schiene. Brot nach dem Backen noch heiß aus der Form lösen.

Das war's schon!

DIE SCHÖNEN MOMENTE

Da ich nicht ständig betend durch mein Leben laufe, ist es sehr angenehm, den neuen Tag auch mit schönen Momenten zu erleben. Das ist wie ein Geschenk des Himmels. Ich erlebe viele schöne Momente und bin dem Herrn sehr dankbar, dass ich diese Momente als schön erkennen kann. Oft ist es nur nötig, dass man die Ohren und Augen öffnet und dass man sich die Zeit nimmt für den Augenblick, für die schönen Momente.

DREI HÜHNER

Auf dem Weg zu meiner Arbeit fahre ich den Hinweg über die Berge und zurück durch die Stadt. Der Hinweg führt mich über Täler und Berge an vielen Bauernhöfen vorbei. Eines Tages fuhr ich in Gedanken vertieft die Landstraße entlang. Aus weiter Entfernung sah ich, dass zwei Hühner vom anliegenden Bauernhof gerade im Begriff waren, über die Straße zu laufen. Ich verlangsamte, hielt schließlich an und schaute zu, wie die zwei Hühner langsam über die Straße liefen. Ich blieb dann weiter stehen, weil ich sah, dass noch ein Huhn über die Straße wollte. Ein drittes Huhn hatte bemerkt, dass zwei ihrer Freundinnen über die Straße liefen auf die andere Straßenseite zur grünen Wiese. Das Huhn rannte über den ganzen Hof und ohne zu schauen rannte es über die Straße, bis es die anderen zwei Hühner erreichte. Ich sah das alles und stand immer noch mit meinem Wagen und schaute noch kurz zu, wie die drei Hühner auf der Wiese nach Würmern suchten. Dann fuhr ich weiter zu meiner Arbeitsstelle.

Es war ein sehr schöner Moment, den ich miterleben durfte.

DIE BUSHALTESTELLE

Oft sitze ich im Auto, fahre und denke über alles nach, was mir in den Sinn kommt. Ich fuhr eine Straße entlang. Von Weitem sah ich eine Haltestelle auf der rechten Seite. Als ich näher herankam, sah ich drei Personen an der Haltestelle stehen, in einer Reihe mit jeweils einem Meter Abstand dazwischen: ein Mädchen, um die 12 Jahre alt, eine ältere Frau, um die 40, und einen jungen Mann, vielleicht war er 17 Jahre alt. Alle drei standen und warteten auf den Bus. Keiner der dreien redete mit den anderen und sie schienen sich alle nicht zu kennen. Alle drei waren sich fremd und sie hatten kein Interesse zu wissen, wer der andere war.

Mein Interesse war geweckt und ich fuhr langsam an dieser Haltestelle vorbei. Ich sah, dass jeder ein Smartphone in der Hand hielt. Jeder war mit seinem Medienteil beschäftigt und schaute auf das Display. Das Mädchen tippte, die Frau las und der junge Mann hörte Musik über Kopfhörer und schrieb.

Drei Menschen an der Bushaltestelle: Jeder war in seine Welt vertieft und nahm die anderen Personen nicht wahr und vielleicht die Umwelt herum auch nicht. Es war ein schönes Bild und wunderbar für mich, das gesehen zu haben. Es war ein Bild wie ein Werbeplakat. Es war ein Erlebnis, das mich zum Nachdenken brachte.

HOSENSALAT

Wenn nicht aufgeräumt ist, herrscht Durcheinander. Ich war einmal Hosen einkaufen und nahm fünf Hosen mit in die Kabine. Ich probierte sie alle der Reihe nach an und zog sie alle wieder aus. Die Hosen waren so durcheinander, dass ich sie gar nicht mehr auseinander und zusammengefaltet bekam. Der Verkäuferin, die bei der Umkleide stand und mich betreute, brachte ich den Hosensalat und gab ihn ihr mit einer Entschuldigung. Die Verkäuferin lächelte sehr freundlich und nahm die Hosen an sich. Im Nullkommanichts waren die Hosen wieder auseinander und zusammengefaltet. Ich staunte nicht schlecht und war sprachlos.

Es gibt viele Momente in meinem Leben, wo ich vor lauter Durcheinander nicht mehr weiter weiß. Ich selbst komme aus dem Durcheinander nicht von allein wieder heraus. Sogar im Gebet kann ich manchmal nicht genau sagen, was ich eigentlich sagen möchte, weil die Situation, die mich gerade beschäftigt, so durcheinander ist, dass ich sie einfach Gott übergebe. Nach einem kurzen Augenblick oder nach ein paar Minuten, Stunden, Tagen oder Wochen bemerke ich dann, dass Gott aus diesem Durcheinander etwas Wunderbares für mein Leben getan hat.

Das Durcheinander in unseren Gedanken, Gefühlen und Umständen wird oft durch uns selbst verursacht, aber auch durch äußere Einflüsse. Wir können jedes Durcheinander Gott übergeben. Er wird es richten und uns, wenn nötig, sagen, was wir tun sollen, damit das, was durcheinander ist, wieder geordnet wird.

KLEINE TROMPETE

An einem Samstag, vor dem vierten Advent, vor vielen Jahren gingen mein Bruder und ich jeder mit seiner Trompete in die Stadt, um Weihnachtslieder zu spielen. Wir waren um die 15 Jahre alt. Wir wollten Geld verdienen und dachten, so an die 100 DM werden es sein. Wir suchten uns einen Ort aus, stellten uns auf und fingen an Weihnachtslieder zu spielen. Kaum einer blieb stehen, alle mussten noch Geschenke kaufen. Aber viele warfen uns Geld in den Koffer beim schnellen Vorbeilaufen. Es kamen sogar Angestellte aus den Geschäften heraus und warfen Geld hinein. Mein Bruder nahm nach einer Weile die Münzen immer wieder heraus, damit es nicht nach so viel Geld aussah und die Leute uns weiterhin belohnten für unsere Musik.

Nach zwei Stunden hatten wir keine Lust mehr zu spielen. Wir packten die Sachen zusammen und gingen wieder nach Hause.

Jeder in der Familie durfte schätzen, wie viel wir eingenommen hatten. Dann zählten wir das Geld, worunter auch viele 5-Mark-Stücke waren. Wir hatten 370 DM eingespielt, von denen jeder die Hälfte bekam. Es war viel Geld damals, für zwei Stunden Trompete spielen in der Stadt, begünstigt auch durch die Weihnachtszeit, in der viele Menschen mehr geben als sonst.

Das war ein tolles Erlebnis, nicht nur wegen des Geldes, sondern auch weil die Menschen sehr nett zu uns waren.

EIN MÄRCHEN

Unsere Klassenlehrerin kam an einem Morgen in unser Klassenzimmer, setzte sich auf ihren Stuhl und sagte: „So, ihr Lieben, heute schreiben wir einen Aufsatz." Wir waren Schüler der fünften Klasse vor vielen Jahren. Ziel der Klassenarbeit war, eine Märchengeschichte zu erfinden und aufzuschreiben.

Wir hatten zwei Schulstunden Zeit für unser Märchen und brauchten nicht auf die Rechtschreibung zu achten. Ich weiß noch genau: Ich fing an zu schreiben und hatte in der Hälfte der Zeit meine

Geschichte geschrieben. Meine Erinnerung reicht nicht mehr für die ganze Geschichte, aber für eine Inhaltsangabe.

Die Überschrift lautete:

Der Bauer mit der Zauberaxt

Der König suchte im ganzen Land den schnellsten Holzfäller und veranstaltete daher einen Wettbewerb. Jeder junge Mann durfte mit seiner Axt am Wettbewerb teilnehmen. Der junge Bauer hörte davon und nahm mit seiner Zauberaxt am königlichen Wettbewerb teil. Da er nur ein Bauer war und kein Adeliger, lachten ihn viele aus, aber der arme Bauer störte sich nicht daran. Er ging zum König, der ihn gewähren ließ.

Der Bauer übte im Wald mit seiner Zauberaxt. Die Axt war verzaubert. Durch Aufsagen des Spruchs „Axt, schwinge dich schnell um den Baum herum!", fällte die Axt den Baum in Windeseile.

Der Tag des Wettbewerbs war gekommen. Zuerst kamen die Adeligen mit ihren Äxten, dann kamen die Bauern, von denen der letzte der arme Bauer war. Viele der Zuschauer wollten schon wieder nach Hause gehen, weil sie nicht glaubten, dass dieser Bauer es zu etwas bringen würde. Ein paar blieben, weil sie Spaß haben wollten, und ein paar wenige glaubten an den Bauern.

Der arme Bauer suchte sich einen großen, dicken Baum aus. Viele lachten ihn aus, aber nicht der König des Landes und seine Tochter.

Mit der Axt ging er zum Baum und sagte leise den Spruch: „Axt, schwinge dich schnell um den Baum herum!" Da schwang sich die Axt in Windeseile um den Baum herum, bis er umkippte und gefällt war. Alle staunten und waren sprachlos und alle wussten, dass er der schnellste Baumfäller war im ganzen Land.

Nun konnte der Bauer nicht lesen, schon gar nicht das Kleingedruckte und er war auch ein wenig schwerhörig und blind. Daher wusste er nicht, dass der Schnellste mit der Axt im ganzen Land die Tochter des Königs heiraten würde. Die Königstochter war sehr schön und so kam es auch, dass der arme Bauer die Tochter des Königs zur Braut nahm. Sie bekamen fünf Kinder und lebten bis zum Ende ihrer Tage glücklich zusammen.

Unsere Lehrerin sammelte nach Ablauf der Zeit unsere Geschichten ein und sagte: „So, da bin ich ja mal gespannt, da habe ich heute Abend was zum Lesen."

Am nächsten Morgen kam wie gewohnt unsere Lehrerin in die Klasse. Sie blieb gleich stehen und setzte sich erst gar nicht hin. Sie sagte: „Daniel!" Ich schreckte auf und setzte mich gerade hin.

„Dein Aufsatz ist der Beste. Ich habe dir nach dem Lesen gleich eine 1 darunter geschrieben. Als ich deine Zeilen gelesen hatte, rief ich gleich ein paar meiner Freunde an und las ihnen dein Märchen vor."

Oh, ein so großes Lob von meiner Lehrerin! Damit hatte ich nie gerechnet. Es war so schön, das von ihr zu hören. Meine Geschichte war das beste Märchen in dieser Klassenarbeit.

DIE LIEBE

Die Liebe ist auch ein Gefühl, ein schönes Gefühl. Die Liebe kommt von Gott, von den Menschen, die etwas Gutes tun, und die Liebe kommt zu uns, wenn wir anderen Menschen etwas Gutes tun. Es spielt keine Rolle, was wir tun, es ist wichtig, dass es etwas Gutes ist.

EINSAMKEIT, DIE WEH TUT

„Spaghetti essen mit Gott" sind geschriebene Zeilen, die mir geholfen haben, aus der Einsamkeit, die manchmal sehr weh tut, heraus zu kommen. Aber auch jetzt und immer wieder fühle ich diese schmerzhafte Einsamkeit. Ich kann nicht wie bei einem Rezept vom Arzt in die Apotheke gehen und mir ein Mittel gegen die Einsamkeit geben lassen.

Ich muss selbst etwas tun, damit die Einsamkeit mich verlässt, und wenn ich es selbst nicht schaffe, muss ich mir Hilfe suchen und mir helfen lassen.

Einsamkeit kannst du am besten überwinden, indem du etwas tust. Zum Beispiel am Morgen wenn du die Augen aufmachst, aufstehst und dich streckst, damit du wach wirst für den neuen Tag.

Ein neuer Tag, so wie ich ihn beginne: Die Nacht ist meistens perfekt, bis der Wecker klingelt und ich wach werde. Mein noch müder Körper will nicht aufstehen, aber mein Verstand und mein Wunsch geben mir die Kraft, aufzustehen. Eigentlich will ich weiter schlafen, weil ich von etwas Schönem geträumt habe und weil mein Bett warm ist. Mein Traum war: Ich malte den Regenbogen, dessen Farben schöner waren als die Wirklichkeit.

Müde und lustlos stehe ich auf und schaue aus dem Fenster. Es ist dunkel, kalt und der Nebel lässt die Bäume aussehen wie unheimliche Gestalten. Ich gehe den ganzen Flur entlang ins Badezimmer und denke dabei an den Traum, den ich geträumt habe. Im Bad angekommen hebe ich meinen Kopf hoch, schaue in den Spiegel und sehe die Wirklichkeit, die manchmal weh tut.

Müde stelle mich unter die Dusche und erfrische mich 15 bis 30 Minuten lang im lauwarmen Wasser. Wach und munter ziehe ich mich an, gehe in die Küche und frühstücke zwei Brotschnitten mit zwei Tassen Tee. Danach gehe ich noch mal ins Bad. Ich putze mir die Zähne, rasiere mich und denke dabei an das, was einmal war, zum Beispiel: Wie wir als Kinder im Sommer mit unseren Schlafanzügen in den Regen hinausrannten, ohne Schuhe und Socken und die warmen Tropfen spürten. Dann ziehe ich meine Schuhe an, nehme meine Tasche, meinen Geldbeutel und meinen Autoschlüssel und fahre den langen Weg, die 37 Kilometer, zu meiner Arbeit.

Es gibt manchmal diese Einsamkeit, die so richtig weh tut, die jeder von uns spürt und die wir los werden wollen. Meistens ist es meine Entscheidung, aktiv zu handeln, um das Gefühl der Einsamkeit los zu werden. Ein gewisser Teil vom Gefühl der Einsamkeit bleibt in mir und es liegt an mir, was ich damit tue. Beten hilft mir nicht immer, die Einsamkeit zu überwinden, aber beten ist für mich der Anfang und der Weg aus der Einsamkeit.

Um die Einsamkeit los zu werden, hilft es mir, aktiv etwas zu tun. Dabei spielt es keine Rolle, was ich tue. Wichtig ist, dass ich mich für eine Sache entscheide, die ich aktiv tun möchte. Es ist immer wieder lohnenswert, wenn man seine Wohnung für ein paar Stunden, Tage oder Wochen verlässt, um etwas zu unternehmen.

Es ist heilsam, nach draußen zu gehen, die Sonne zu fühlen oder den Regen zu spüren. Gehe dahin, wo Menschen sind! Verbringe zum Beispiel die Feiertage mit deiner Familie, oder mit Freunden.

Am 5. April 2015 schneit es im kleinen Dorf Auffach in der Wildschönau in Österreich. Berge und Wiesen sind mit einer weißen Decke überzogen. Es wachen an diesem Morgen in einem Haus sechs Menschen zu unterschiedlichen Zeiten auf: Meine Schwester Maja, ihr Lebenspartner Josef, ihre achtjährige Tochter Eljah, mein Bruder Jonas, seine 15-jährige Tochter Anna und ich.

Das Haus inmitten des Dorfes ist über 300 Jahre alt. Es gehört Josefs Bruder. Maja, Eljah und Josef wohnen im Dachgeschoss einer sehr schön ausgebauten Wohnung. In der Mitte der Wohnung ist die Küche mit einem großen Holzofen zum Backen, Kochen und Heizen.

An diesem Ostersonntag läuten um 6 Uhr in der Früh die Kirchenglocken. Um 8:30 Uhr stehen die ersten auf. Zur Tür kommt ein kleiner Junge herein, Caspar, 9 Jahre alt. Er wird von Eljah freudig begrüßt. Kaum angekommen sagt Caspar zu Eljah: „Ich bin mit dem Schlitten den Berg hinunter gefahren und weißt du was? Ich bin so schnell gefahren, dass ich nichts gesehen habe, weil der Schlitten den Schnee so sehr aufgewirbelt hat." Eljah und Caspar gehen dann auf ihr Zimmer und spielen mit Seifenblasen.

Ich unterhalte mich gerade mit Jonas, sitze dabei am PC und schreibe diese Zeilen über den Ostersonntag. Meine Schwester Maja kommt zum Gespräch dazu und bringt mir den Kaffee und zwei Toastscheiben mit Butter und Marmelade.

Wenn an Feiertagen Familien zusammen kommen, gibt es immer etwas zum Reden über das, was ist und das, was war. Es gibt auch hier und da Meinungsverschiedenheiten über das Erlebte in der Vergangenheit.

Gegen Mittag steht Maja in der Küche und bereitet das Mittagessen vor: Es gibt selbstgemachte Pizza. Den Pizzaboden hat sie nur mit Mehl, Salz, Wasser und Öl gemacht. Nach dem Ruhen hat sie ihn ganz dünn gewalzt. Am Nachmittag gibt es eine selbstgemachte Beerentorte mit Kakao. Danach spielen wir alle Rummy, ein Gesellschaftsspiel, bei dem man gefordert wird, zu denken, wenn man gewinnen will. Es scheint ein ganz normaler Nachmittag zu sein, aber für jemanden wie mich, ist dieser Nachmittag eine ganz besondere Zeit, so wie die folgenden acht Tage danach auch.

Wenn ich mich einsam fühle, dann gehe ich dahin, wo Menschen sind. Wenn ich mich einsam fühle, dann gehe ich dahin, wo Gott ist.

ER LIEBT DICH

Was ist, wenn Gott zu dir sagt: „Ich liebe dich!" Wie wäre es, wenn Gott es dir jetzt sagt: „Ich liebe dich!" Er tut es, er liebt dich. Und er sagt es dir auch so, dass du es verstehen kannst. Und er sagt es dir immer wieder, damit du weißt, dass er dich liebt.

Es ist schwer und manchmal leicht zu sagen, ich liebe dich, und noch schwerer ist es, jemanden wirklich zu lieben.

Wir haben alle den Wunsch in uns, geliebt zu werden. Jeder Mensch ist ein Kind Gottes und hat eine Daseinsberechtigung, ob als Rechtsanwalt, als Doktor, als Elektriker, als Gärtner, als Reinigungskraft oder als Sozialempfänger. Es spielt keine Rolle, wer du bist. Jedes Kind bedeutet für Gott „Liebe", weil es dich gibt.

Gott stellt sich nicht die Frage: „Stopp, halt, wer bist du?", sondern er kennt dich und er freut sich, wenn du zu ihm kommst und mit ihm sprichst. Wir unterschätzen, was Liebe wirklich bedeutet! Die Bedeutung von Liebe kann ich nicht wirklich in Worte fassen, aber ich kann Liebe fühlen und ich weiß, wann es Liebe ist.

Du bedeutest für Gott keinen Ärger. Auch dann nicht, wenn du immer wieder aufstehen musst, weil du hingefallen bist. Mach immer wieder einen Anfang mit Gott, gehe zu ihm und rede mit ihm! Er ist da, er hört dir zu und er gibt dir Antwort.

Gott liebt dich!

SEHNSUCHT

Unser Leben verläuft nicht immer so, wie wir es gerne hätten und manchmal geschehen Dinge in unserem Leben, die tragisch sind, zum Beispiel, dass wir Menschen verlieren, die wir sehr gerne haben. Es ist nicht Gott, der das Unglück herbeiholt oder der das weniger Gute und Schöne in unserem Leben mitbringt, sondern das Leben selbst und die Entscheidungen der Menschen bringen Veränderungen mit sich. Gott lässt die Veränderungen in unserem Leben zu und manchmal greift er auch in unser Leben ein und beschützt uns.

„Das Leben ist wichtiger als die Nahrung und der Leib wichtiger als die Kleidung. Seht auf die Raben: Sie säen nicht und ernten nicht, sie haben keinen Speicher und keine Scheune; denn Gott ernährt sie. Wie viel mehr seid ihr wert als die Vögel!" Lukas 12:23, 24.

An Gott zu glauben, möchte ich nicht aufgeben. Ich will daran festhalten und Gott gegenüber Verantwortung zeigen, indem ich bis ans Ende meiner Lebenstage ausharre. Gott liebt uns alle als seine Kinder, und er möchte von Grund auf nur das Beste für uns, egal, wer wir sind.

Liebe bedeutet auch Sehnsucht, sich nach etwas zu sehnen:

Die Sehnsucht nach Anerkennung: Die Anerkennung von Freunden und Bekannten ist für mich lebenswichtig. Jede Form von Anerkennung verhilft mir zu mehr Lebensfreude und Lebensleistung. Es ist nur natürlich, dass ich diese Anerkennung dann auch anderen gebe.

Die Sehnsucht, geliebt zu werden: Die Liebe hat ihre eigenen Gesetze, die ich erst lernen musste, um zu begreifen, was Liebe bedeutet. Liebe kann nicht auf einem Fundament der Ungeduld bestehen, sondern muss auf Geduld gegründet sein. Ungeduld zerstört jede Freundschaft und Liebe. Ich hatte und habe noch keine Freundin, wünsche mir aber sehr, einmal eine wunderbare Frau lieben zu dürfen.

Die Sehnsucht, zu arbeiten und Geld zu verdienen: Dies ist ein Wunsch, den die meisten Menschen haben. Bei mir hat sich dieser Wunsch sehr stark entwickelt, weil ich sehr lange brauchte, bis ich eine Arbeit fand.

Die Sehnsucht nach mehr Glauben im Alltag: Der Alltag ist oftmals sehr schwer und mühsam, so dass ich hin und wieder meinen Glauben an das Gute und das Gelingen fast vergessen könnte. Ohne Glauben an Gott wäre ich heute ein hoffnungsloser Mensch, der nur eins im Sinn hat: sich selbst zu bemitleiden. Fest im Glauben kann ich Dinge sehen und erleben, die mir sonst verschlossen sind.

Die Sehnsucht, anders zu sein, als man selbst ist: Manchmal wünsche ich mir, jemand anderes zu sein, besonders dann, wenn ich mit meinem Leben nicht zufrieden bin und wenn ich sehe, wie es anderen scheinbar besser geht als mir. Oft wünsche ich mir, normal groß zu sein, um all das tun zu können, was normal große Menschen so tun.

Die Sehnsucht, keine Fehler zu machen, immer das Richtige zu sagen und zu tun.

Die Sehnsucht, Zeit zu haben für sich selbst und für die Menschen um einen herum.

Die Sehnsucht und der Wunsch, eine Frau zu finden, die ich liebe und mit der ich viele Gemeinsamkeiten habe.

Die Sehnsucht, mit Gott zu reden, ihn zu erleben und seine Gegenwart und seine Liebe zu spüren und zu fühlen.

ES GIBT KEINE AUSREDE

Gott liebt dich, egal ob Mann oder Frau, egal an welche Religion du glaubst und egal wo sich dein Leben auf dieser Erdkugel abspielt – Gott liebt dich. Ob du klein, groß, dick, dünn, weiß, farbig, alt oder jung bist, spielt für ihn keine Rolle. Auch dein Bildungsstand ist für ihn nicht wichtig. Ob du in Mathe sehr schnell oder langsam bist, ob du sehr gut in der deutschen Rechtschreibung bist, oder nur gut oder schlecht, darauf achtet Gott nicht. Ob du dich gewählt ausdrücken kannst, mit den besten Wörtern oder mit einfachen Worten, oder ob du stotterst – Gott hört dir zu und gibt dir Antwort.

Ob du körperlich, geistig oder seelisch eingeschränkt bist, ist für Gott kein Hindernis. Er liebt dich und er nimmt dich in den Arm. Ob du allein bist oder verheiratet, mit Kindern oder ohne Kinder, Gott liebt dich! In welchem Umfeld du auch lebst, ob du reich bist, zur Mittelschicht gehörst oder von Hartz IV lebst, Gott schenkt dir dessen ungeachtet seinen Segen. Gott liebt dich, weil du sein Kind bist. Es gibt keine Ausrede: Gott liebt dich, so wie du bist!

An irgendetwas muss man doch glauben, warum also nicht an Gott, der ungeachtet der Umstände jeden Menschen liebt? Die Liebe ist allgegenwärtig. Beweise mir das Gegenteil, dass es die Liebe nicht gibt! Die Liebe gibt es und es ist die Liebe, die uns am Leben erhält. Liebe ist die Verbindung zwischen Mensch und Gott.

UNSER LEBEN IST IMMER IN BEWEGUNG

In den Straßen von Hongkong rauscht das Leben in einer ungeheuren Geschwindigkeit dahin. Tag und Nacht bewegen sich die Menschenmassen geordnet, aber eilig, von einem Ort zum nächsten. Sie strömen in die Untergrundbahn und strömen auf der anderen Seite wieder heraus, um zur Arbeit, auf den Markt oder in die Schule zu gelangen. In unserer Gesellschaft, die großen Wert auf Fleiß und Leistung legt, kann es einem so vorkommen, als gäbe es nicht genügend Stunden am Tag, um alles zu schaffen. „Ich brauche mehr Zeit!" Das bedeutet manchmal, dass wir kreativ sein müssen oder einfach nur, dass wir weniger schlafen. Es gibt Menschen auf unserer Weltkugel, die wirklich wenig Zeit haben, weil sie vielleicht 50 bis 60 Stunden die Woche arbeiten müssen.

Die Erde und alles Leben auf dieser Erde befinden sich immer in Bewegung, im Wandel der Veränderungen.

JESUS CHRISTUS

„Sie sollten Gott suchen, ob sie ihn ertasten und finden könnten; denn keinem von uns ist er fern." Apostelgeschichte 17:27.

Dies ist ein Kapitel, das fast nur aus Schriftstellen besteht, leicht zu lesen, verständlich und geschichtlich nachvollziehbar.

Um zu verstehen, wer dieser Jesus Christus war, in dessen Namen wir beten, ist es sinnvoll, sich mit seinem Leben zu beschäftigen. Seine letzten Tage auf dieser Erde sind für mich sehr eindrucksvoll – sein Wirken, sein Handeln und seine Liebe.

So kann ich ihn kennen lernen und wissen, wer Jesus Christus war und wer er heute ist. Mit der Kreuzigung war sein Leben nicht vorbei; nach dem Tod kamen die Auferstehung und das ewige Leben.

Schriftstellen aus der Bibel waren für mich immer sehr langweilig, bis ich eines Tages festgestellt habe, dass Schriftstellen lesen sehr einfach sein kann, wenn man versteht, um was es in der Schriftstelle geht, und wenn man den Text im Ganzen liest, zum Beispiel die Geschichte von Daniel in der Löwengrube oder der Arche Noah.

Viele lesen die Bibel völlig durcheinander und zitieren Schriftstellen eine nach der anderen ohne Sinn und Zusammenhang. Dies erlebt man oft bei Predigern, die in jedem Satz den Namen Gottes oder Jesu erwähnen. Das zusammenhanglose Zitieren von Schriftstellen ist nicht im Sinne der Bibel, so wie sie damals für uns geschrieben wurde. Die Bibel ist klar und deutlich.

Es hat viele Jahre gebraucht, bis ich verstanden habe, wie ich die Bibel am besten verstehen kann. Ich bemühe mich und lerne die Bibel kennen, aber in ihrer Gesamtheit werde ich die Bibel, solange ich lebe, nicht verstehen, jedoch viele Teile davon.

JESUS IN DER SYNAGOGE

Jesus war noch sehr jung. Er ging an jedem Sabbat in die Synagoge. "So kam er auch nach Nazaret, wo er aufgewachsen war, und ging, wie gewohnt, am Sabbat in die Synagoge." Lukas 4:16.

An jenem Tag las Jesus aus dem Buch der Propheten Jesaja: „Als er aufstand, um aus der Schrift vorzulesen, reichte man ihm das Buch des Propheten Jesaja. Er schlug das Buch auf und fand die Stelle, wo es heißt: ‚Der Geist des Herrn ruht auf mir; denn der Herr hat mich gesalbt. Er hat mich gesandt, damit ich den Armen eine gute Nachricht bringe; damit ich den Gefangenen die Entlassung verkünde und den Blinden das Augenlicht; damit ich die Zerschlagenen in Freiheit setze.'"
Lukas 4:17 – 18.

Mit diesen Worten verkündete der Heiland zum ersten Mal öffentlich seine Mission als Messias. Seine Aufgabe war es, das Sühnopfer zu vollbringen, für das er bestimmt war, und damit die Auferstehung zu ermöglichen. „Dann schloss er das Buch, gab es dem Synagogendiener und setzte sich. Die Augen aller in der Synagoge waren auf ihn gerichtet. Da begann er, ihnen darzulegen: Heute hat sich das Schriftwort, das ihr eben gehört habt, erfüllt." Lukas 4:20 – 21.

DER EINZUG IN JERUSALEM

Einige Jahre später am Palmsonntag, dem Sonntag vor seinem Sühnopfer, zog der Herr ganz bescheiden in Demut, als König der Liebe und des Friedens auf einem Esel in Jerusalem ein in den Hof des Tempels. „Viele Menschen breiteten ihre Kleider auf der Straße aus, andere schnitten Zweige von den Bäumen und streuten sie auf den Weg.

Die Leute aber, die vor ihm hergingen und die ihm folgten, riefen: Hosanna dem Sohn Davids! Gesegnet sei er, der kommt im Namen des Herrn. Hosanna in der Höhe!

Als er in Jerusalem einzog, geriet die ganze Stadt in Aufregung, und man fragte: Wer ist das? Die Leute sagten: Das ist der Prophet Jesus von Nazaret in Galiläa." Matthäus 21:8 – 11.

„Nach seinem triumphalen Einzug in Jerusalem ging Christus täglich in den Tempel," Matthäus 21:13, um dort die Menschen zu belehren und zu heilen. Abends kehrte er nach Betanien zurück, um mit seinen Jüngern allein die Zeit zu verbringen.

DER BESCHLUSS DES HOHEN RATES

„Es war zwei Tage vor dem Pascha und dem Fest der Ungesäuerten Brote. Die Hohenpriester und die Schriftgelehrten suchten nach einer Mög-

lichkeit, Jesus mit List in ihre Gewalt zu bringen, um ihn zu töten. Sie sagten aber: Ja nicht am Fest, damit es im Volk keinen Aufruhr gibt."
Markus 14:1 – 2.

DER VERRAT DURCH JUDAS

"Judas Iskariot, einer der Zwölf, ging zu den Hohenpriestern. Er wollte Jesus an sie ausliefern. Als sie das hörten, freuten sie sich und versprachen, ihm Geld dafür zu geben. Von da an suchte er nach einer günstigen Gelegenheit, ihn auszuliefern."
Markus 14:10 – 11.

DAS LETZTE PASCHAMAHL UND ABENDMAHL

"Darum wird euer Haus (von Gott) verlassen." Matthäus 23:38. Nach dem Palmsonntag waren die letzten Tage seines Lebens angebrochen und Christus rief die Apostel zum letzten Paschamahl und Abendmahl.

DIE VORBEREITUNG DES PASCHAMAHLS

"Am ersten Tag des Festes der Ungesäuerten Brote, an dem man das Paschalamm schlachtete, sagten die Jünger zu Jesus: Wo sollen wir das Paschamahl für dich vorbereiten? Da schickte er zwei seiner Jünger voraus und sagte zu ihnen: Geht in die Stadt; dort wird euch ein Mann begegnen, der einen Wasserkrug trägt. Folgt ihm, bis er in ein Haus hineingeht; dann sagt zu dem Herrn des Hauses: Der Meister lässt dich fragen: Wo ist der Raum, in dem ich mit meinen Jüngern das Paschalamm essen kann?

Und der Hausherr wird euch einen großen Raum im Obergeschoss zeigen, der schon für das Festmahl hergerichtet und mit Polstern ausgestattet ist. Dort bereitet alles für uns vor! Die Jünger machten sich auf den Weg und kamen in die Stadt. Sie fanden alles so, wie er es ihnen gesagt hatte, und bereiteten das Paschamahl vor."
Markus 14:12 – 16.

Die Bedeutung des Paschamahls:
Exodus 12:21 – 28.

DAS MAHL

Als das letzte Abendmahl wird das Mahl bezeichnet, das Jesus von Nazaret nach jüdischem Vorbild und dem Brauch des Sedermahls mit seinen zwölf Aposteln am Vorabend seines Kreuzestodes feierte. „Tut dies zu meinem Gedächtnis," 1 Korinther 11:24 – 25. Das gemeinsame Mahl war ein Zeichen seiner bleibenden Gegenwart und dafür, dass er wieder kommen wird! Es verleiht denen Trost und Beistand, die an ihn glauben. Das letzte Abendmahl symbolisiert den Tod, die Auferstehung und den Bund mit Gott, dass wir durch unsere Umkehr und durch seine Liebe eines Tages wieder bei ihm sein können.

Die erste und älteste Fassung des letzten Abendmahls finden wir in Markus 14:22 – 24: „Während des Mahls nahm er das Brot und sprach den Lobpreis; dann brach er das Brot, reichte es ihnen und sagte: Nehmt, das ist mein Leib. Dann nahm er den Kelch, sprach das Dankgebet, reichte ihn den Jüngern und sie tranken alle daraus. Und er sagte zu ihnen: Das ist mein Blut, das Blut des Bundes, das für viele vergossen wird."

Paulus von Tarsus überliefert in 1 Korinther 11:23 – 25 eine aus der Jerusalemer Urgemeinde übernommene andere Fassung: „Denn ich habe vom Herrn empfangen, was ich euch dann überliefert habe: Jesus, der Herr, nahm in der Nacht, in der er ausgeliefert wurde, Brot, sprach das Dankgebet, brach das Brot und sagte: Das ist mein Leib für euch. Tut dies zu meinem Gedächtnis! Ebenso nahm er nach dem Mahl den Kelch und sprach: Dieser Kelch ist der Neue Bund in meinem Blut. Tut dies, sooft ihr daraus trinkt, zu meinem Gedächtnis!"

Das letzte Abendmahl ist auch sehr schön nachzulesen in Markus 14:17 – 25.

DER GANG ZUM ÖLBERG

„Nach dem Lobgesang gingen sie zum Ölberg hinaus." Markus 14:26.

„Da sagte Jesus zu ihnen: Ihr werdet alle (an mir) Anstoß nehmen und zu Fall kommen; denn in der Schrift steht: Ich werde den Hirten erschlagen, dann werden sich die Schafe zerstreuen. Aber nach meiner Auferstehung werde ich euch nach Galiläa vorausgehen.

Da sagte Petrus zu ihm: Auch wenn alle (an dir) Anstoß nehmen - ich nicht! Jesus antwortete ihm: Amen, ich sage dir: Noch heute Nacht, ehe der Hahn zweimal kräht, wirst du mich dreimal verleugnen. Petrus aber beteuerte: Und wenn ich mit dir sterben müsste - ich werde dich nie verleugnen. Das gleiche sagten auch alle anderen."
Markus 14:27 – 31.

PETRUS

Jesus spricht direkt zu Petrus: „Ich aber habe für dich gebetet, dass dein Glaube nicht erlischt. Und wenn du dich wieder bekehrt hast, dann stärke deine Brüder." Lukas 22:32.

DAS GEBET IN GETSEMANI

Getsemani - auch Gethsemani und Gethsemane - ist ein hebräisches Wort und besteht aus den zwei Wörtern GAT die Presse und SCHEMEN das Öl. Getsemani war damals ein sehr großer Garten und ist heute noch ein kleiner Garten mit Olivenbäumen. Olivenöl – dass flüssige Gold - wird zur Heilung, Nahrung, für Lampen, in der Technik, zur Salbung eines Segens und für körperliche Anwendungen verwendet.

Im Garten Getsemani wurde die gesamte Sündenlast der Vergangenheit, der Gegenwart und der Zukunft von einem Menschen auf sich genommen und sein Name ist Jesus der Christus, der Gesalbte, der von Anfang der Menschheit an dazu bestimmt war, der Erlöser dieser Welt zu sein.

„Sie kamen zu einem Grundstück, das Getsemani heißt, und er sagte zu seinen Jüngern: Setzt euch und wartet hier, während ich bete. Und er nahm Petrus, Jakobus und Johannes mit sich. Da ergriff ihn Furcht und Angst, und er sagte zu ihnen: Meine Seele ist zu Tode betrübt. Bleibt hier und wacht!

Und er ging ein Stück weiter, warf sich auf die Erde nieder und betete, dass die Stunde, wenn möglich, an ihm vorübergehe. Er sprach: Abba, Vater, alles ist dir möglich. Nimm diesen Kelch von mir! Aber nicht, was ich will, sondern was du willst (soll geschehen). Und er ging zurück und fand sie schlafend. Da sagte er zu Petrus: Simon, du schläfst? Konntest du nicht einmal eine Stunde wach bleiben?

Wacht und betet, damit ihr nicht in Versuchung geratet. Der Geist ist willig, aber das Fleisch ist schwach. Und er ging wieder weg und betete mit den gleichen Worten. Als er zurückkam, fand er sie wieder schlafend, denn die Augen waren ihnen zugefallen; und sie wussten nicht, was sie ihm antworten sollten. Und er kam zum dritten Mal und sagte zu ihnen: Schlaft ihr immer noch und ruht euch aus? Es ist genug. Die Stunde ist gekommen; jetzt wird der Menschensohn den Sündern ausgeliefert. Steht auf, wir wollen gehen! Seht, der Verräter, der mich ausliefert, ist da." Markus 14:32 – 42.

DER MENSCH – JESUS CHRISTUS

Jesus Christus hat einmal darüber gesprochen, wie sehr er vom Vater im Himmel abhängig ist. Wir lesen im 5. Kapitel des Johannesevangeliums: „Von mir selbst aus kann ich nichts tun; ich richte, wie ich es (vom Vater) höre, und mein Gericht ist gerecht, weil es mir nicht um meinen Willen geht, sondern um den Willen dessen, der mich gesandt hat." Johannes 5:30.

Es ist bemerkenswert, dass Jesus Christus, der die Welt erschaffen hat, der hernieder kam im Fleische, mächtige und viele Wunder wirkte und sein Leben für die Errettung der Menschenkinder auf dem Kalvarienberg opferte, so etwas sagt: „Von mir selbst aus kann ich nichts tun." Gott selbst hat seinen Sohn berufen, der Erlöser dieser Welt zu sein!

Wenige Stellen in der Bibel zeigen die menschliche Seite des Heilandes eindrucksvoller als das Gebet am Ölberg. Jesus geht mit seinen Jüngern Petrus, Jakobus und Johannes nach dem letzten Abendmahl hinaus in den Garten Getsemani. Sein Vertrauen zum Vater im Himmel ist groß, aber auch er, der vollkommen ist, hat Angst, dem schmerzhaften Tod gegenüber zu stehen.

Jesus Christus weiß, welch große Aufgabe er zu erfüllen hat, und hat Angst. Er sucht die menschliche Nähe und den Beistand: „Meine Seele ist zu Tode betrübt, bleibt hier und wacht mit mir", bittet Jesus seine Jünger – so erzählen es die Evangelien – und entfernt sich, um zu beten.

Jesus betet zwei Sätze zum Vater: „Mein Vater, wenn es möglich ist, so gehe dieser Kelch an mir vorüber. Doch dein Wille geschehe."

Ihm ist bewusst, was der Wille seines Vaters ist und dass er der Erstgeborene ist, der dazu bestimmt ist, diesen Kelch auf sich zu nehmen.

Die Evangelisten Markus und Matthäus erzählen, dass Jesus drei Mal zu seinen Jüngern zurück kehrt und sie schlafend findet. Im Angesicht des Todes und in seiner größten Not gelingt es seinen Jüngern nicht, ihm beizustehen. Seinen Nachfolgern, die ihm nahe stehen, ist in dieser Stunde nicht bewusst, welch eine große Aufgabe Jesus zu erfüllen hat.

Lukas erzählt von einem Engel, der zu Jesus kommt und ihn stärkt. Eine nicht in alle Bibelausgaben übernommene Stelle bei Lukas erzählt, dass Jesus vor Angst Blut schwitzte: „Sein Schweiß war wie Blut und tropfte zur Erde."

Jesus, der durch seine Geburt Mensch geworden ist, hat vor dem Tod Angst und er fühlt den körperlichen Schmerz, der ihm bevorsteht, wie jeder andere Mensch.

DIE GEFANGENNAHME

Gefangennahme durch die Soldaten, Hohenpriester, Pharisäer und Ältesten. „Als es Morgen wurde, fassten die Hohenpriester und die Ältesten des Volkes gemeinsam den Beschluss, Jesus hinrichten zu lassen." Matthäus 27:1.

„Noch während er redete, kam Judas, einer der Zwölf, mit einer Schar von Männern, die mit Schwertern und Knüppeln bewaffnet waren; sie waren von den Hohenpriestern, den Schriftgelehrten und den Ältesten geschickt worden. Der Verräter hatte mit ihnen ein Zeichen vereinbart und gesagt: „Der, den ich küssen werde, der ist es. Nehmt ihn fest, führt ihn ab und lasst ihn nicht entkommen. Und als er kam, ging er sogleich auf Jesus zu und sagte: Rabbi! Und er küsste ihn. Da ergriffen sie ihn und nahmen ihn fest." Markus 14:43 – 52.

DAS VERHÖR VOR DEM HOHEN RAT

Verurteilung wegen Gotteslästerung: „Da stand der Hohepriester auf, trat in die Mitte und fragte Jesus: Willst du denn nichts sagen zu dem, was diese Leute gegen dich vorbringen? Er aber schwieg und gab keine Antwort. Da wandte sich der Hohepriester nochmals an ihn und fragte: Bist du der Messias, der Sohn des Hochgelobten? Jesus sagte: Ich bin es. Und ihr werdet den Menschensohn zur Rechten der Macht sitzen und mit den Wolken des Himmels kommen sehen.

Da zerriss der Hohepriester sein Gewand und rief: Wozu brauchen wir noch Zeugen? Ihr habt die Gotteslästerung gehört. Was ist eure Meinung? Und sie fällten einstimmig das Urteil: Er ist schuldig und muss sterben." Markus 14:53 – 65.

DIE VERLEUGNUNG DURCH PETRUS

Petrus leugnet, Jesus zu kennen und dies dreimal! „Jesus antwortete ihm: Amen, ich sage dir: Noch heute Nacht, ehe der Hahn zweimal kräht, wirst du mich dreimal verleugnen." Markus 14:30.

„Als Petrus unten im Hof war, kam eine von den Mägden des Hohenpriesters. Sie sah, wie Petrus sich wärmte, blickte ihn an und sagte: Auch du warst mit diesem Jesus aus Nazaret zusammen. Doch er leugnete es und sagte: Ich weiß nicht und verstehe nicht, wovon du redest. Dann ging er in den Vorhof hinaus. Als die Magd ihn dort bemerkte, sagte sie zu denen, die dabeistanden, noch einmal: Der gehört zu ihnen. Er aber leugnete es wieder ab. Wenig später sagten die Leute, die dort standen, von neuem zu Petrus: Du gehörst wirklich zu ihnen; du bist doch auch ein Galiläer. Da fing er an zu fluchen und schwor: Ich kenne diesen Menschen nicht, von dem ihr redet. Gleich darauf krähte der Hahn zum zweiten Mal, und Petrus erinnerte sich, dass Jesus zu ihm gesagt hatte: Ehe der Hahn zweimal kräht, wirst du mich dreimal verleugnen. Und er begann zu weinen." Markus 14:66 – 72.

DER ENTSCHEIDUNGSWEG

Die Hohenpriester und Ältesten haben nicht die Vollmacht, Jesus zum Tod zu verurteilen. Deswegen schicken sie ihn zum Verhör zu Pontius Pilatus, dem römischen Statthalter in Judäa. Vor Pilatus wird Jesus beschuldigt, ein Feind Cäsars zu sein. Als Pilatus erfährt, dass Jesus aus Galiläa stammt, schickt er ihn zu Herodes, einem Herrscher in Galiläa. Herodes verurteilt Jesus nicht und schickt ihn zu Pilatus zurück, der den Forderungen der Menschenmenge, Jesus solle gekreuzigt werden, nachgibt.

DIE VERHANDLUNG VOR PILATUS

Jesus wird wegen Gotteslästerung angeklagt! Pilatus sagte zu ihm: „Also bist du doch ein König?" Jesus antwortete: „Du sagst es, ich bin ein König. Ich bin dazu geboren und dazu in die Welt gekommen, dass ich für die Wahrheit Zeugnis ablege. Jeder, der aus der Wahrheit ist, hört auf meine Stimme." Johannes 18:37.

DAS VOLK ENTSCHEIDET

„Der Statthalter fragte sie: Wen von beiden soll ich freilassen? Sie riefen: Barabbas! Pilatus sagte zu ihnen: Was soll ich dann mit Jesus tun, den man den Messias nennt? Da schrien sie alle: Ans Kreuz mit ihm! Er erwiderte: Was für ein Verbrechen hat er denn begangen? Da schrien sie noch lauter: Ans Kreuz mit ihm! Als Pilatus sah, dass er nichts erreichte, sondern dass der Tumult immer größer wurde, ließ er Wasser bringen, wusch sich vor allen Leuten die Hände und sagte: Ich bin unschuldig am Blut dieses Menschen. Das ist eure Sache! Da rief das ganze Volk: Sein Blut komme über uns und unsere Kinder! Darauf ließ er Barabbas frei und gab den Befehl, Jesus zu geißeln und zu kreuzigen." Matthäus 27:21 – 26.

Im Markusevangelium findet sich die Ergänzung: „Pilatus ließ, um die Menge zufrieden zu stellen, Barabbas frei und gab den Befehl, Jesus zu geißeln und zu kreuzigen." Markus 15:1 – 15.

TOD DES JUDAS

„Als nun Judas, der ihn verraten hatte, sah, dass Jesus zum Tod verurteilt war, reute ihn seine Tat. Er brachte den Hohenpriestern und den Ältesten die dreißig Silberstücke zurück und sagte: Ich habe gesündigt, ich habe euch einen unschuldigen Menschen ausgeliefert. Sie antworteten: Was geht das uns an? Das ist deine Sache. Da warf er die Silberstücke in den Tempel; dann ging er weg und erhängte sich." Matthäus 27:3 – 10.

DIE VERSPOTTUNG

„Die Soldaten führten ihn in den Palast hinein, das heißt in das Prätorium, und riefen die ganze Kohorte zusammen. Dann legten sie ihm einen Purpurmantel um und flochten einen Dornenkranz; den setzten sie ihm auf und grüßten ihn: Heil dir, König der Juden! Sie schlugen ihm mit einem Stock auf den Kopf und spuckten ihn an, knieten vor ihm nieder und huldigten ihm."
Markus 15:16 – 19.

AUF GOLGOTA

„Dann führten sie Jesus hinaus, um ihn zu kreuzigen." Markus 15:20 – 32. Auf Golgota (Schädelhöhe) wird Jesus verhöhnt und ans Kreuz geschlagen. Über dem Kopf Jesu ist am Kreuz die Aufschrift zu lesen: „Das ist Jesus von Nazareth, der König der Juden."

SIEBEN SÄTZE AM KREUZ

„Schewa" ist hebräisch und bedeutet: „sieben", „ganz", „vollständig".

EINS: Jesus aber betete: „Vater, vergib ihnen, denn sie wissen nicht, was sie tun." Dann warfen sie das Los und verteilten seine Kleider unter sich. Jesus bat beim Vater um Vergebung für die römischen Soldaten, die ihn kreuzigten. Lukas 23:34.

ZWEI: Jesus sagte zum bußfertigen Verbrecher: „Amen, ich sage dir: Heute noch wirst du mit mir im Paradies sein." Lukas 23:43.

DREI: Zu seiner Mutter Maria sprach Jesus: „Frau, siehe, dein Sohn!" Johannes 19:26,27.

VIER: „Mein Gott, mein Gott, warum hast du mich verlassen?" Matthäus 27:46.

FÜNF: „Mich dürstet." Er leidet körperlich! Johannes 19:28.

„Ein Gefäß mit Essig stand da. Sie steckten einen Schwamm mit Essig auf einen Ysopzweig und hielten ihn an seinen Mund." Johannes 19:29.

SECHS: „Es ist vollbracht!" Johannes 19:30.

SIEBEN: Sein letzter Satz am Kreuz, als Lebender in Fleisch und Blut. Jesus rief laut: „Vater, in deine Hände lege ich meinen Geist." Mit diesen Worten - nach nun neun Stunden am Kreuz mit qualvollsten Schmerzen - hauchte er den Geist aus." Lukas 23:46.

Der letzte Satz von Jesus Christus symbolisiert sowohl den „Tod" als auch die „Auferstehung".

DER TOD

„Als die sechste Stunde kam, brach über das ganze Land eine Finsternis herein. Sie dauerte bis zur neunten Stunde. Und in der neunten Stunde rief Jesus mit lauter Stimme: Eloï, Eloï, lema sabachtani?, das heißt übersetzt: Mein Gott, mein Gott, warum hast du mich verlassen?

Einige von denen, die dabeistanden und es hörten, sagten: Hört, er ruft nach Elija! Einer lief hin, tauchte einen Schwamm in Essig, steckte ihn auf einen Stock und gab Jesus zu trinken. Dabei sagte er: Lasst uns doch sehen, ob Elija kommt und ihn herab nimmt.

Jesus aber schrie laut auf. Dann hauchte er den Geist aus. Da riss der Vorhang im Tempel von oben bis unten entzwei. Als der Hauptmann, der Jesus gegenüberstand, ihn auf diese Weise sterben sah, sagte er: Wahrhaftig, dieser Mensch war Gottes Sohn.

Auch einige Frauen sahen von weitem zu, darunter Maria aus Magdala, Maria, die Mutter von Jakobus dem Kleinen und Joses, sowie Salome; sie waren Jesus schon in Galiläa nachgefolgt und hatten ihm gedient. Noch viele andere Frauen waren dabei, die mit ihm nach Jerusalem hinaufgezogen waren." Markus 15:33 – 41.

DAS BEGRÄBNIS

„Josef kaufte ein Leinentuch, nahm Jesus vom Kreuz, wickelte ihn in das Tuch und legte ihn in ein Grab, das in einen Felsen gehauen war. Dann wälzte er einen Stein vor den Eingang des Grabes." Markus 15:42 – 47.

DAS LEERE GRAB

„Als der Sabbat vorüber war, kauften Maria aus Magdala, Maria, die Mutter des Jakobus, und Salome wohlriechende Öle, um damit zum Grab zu gehen und Jesus zu salben. Am ersten Tag der Woche kamen sie in aller Frühe zum Grab, als eben die Sonne aufging. Sie sagten zueinander: Wer könnte uns den Stein vom Eingang des Grabes wegwälzen?

Doch als sie hinblickten, sahen sie, dass der Stein schon weggewälzt war; er war sehr groß." Markus 16:1 – 4.

WO IST ER?

„Sie gingen in das Grab hinein und sahen auf der rechten Seite einen jungen Mann sitzen, der mit einem weißen Gewand bekleidet war; da erschraken sie sehr. Er aber sagte zu ihnen: Erschreckt nicht! Ihr sucht Jesus von Nazaret, den Gekreuzigten. Er ist auferstanden; er ist nicht hier. Seht, da ist die Stelle, wo man ihn hingelegt hatte.

Nun aber geht und sagt seinen Jüngern, vor allem Petrus: Er geht euch voraus nach Galiläa; dort werdet ihr ihn sehen, wie er es euch gesagt hat. Da verließen sie das Grab und flohen; denn Schrecken und Entsetzen hatte sie gepackt. Und sie sagten niemand etwas davon; denn sie fürchteten sich." Markus 16:5 – 8.

DIE AUFERSTEHUNG

„Was sucht ihr den Lebenden bei den Toten? Er ist nicht hier, sondern er ist auferstanden." Lukas 24:5,6. Paulus erklärt die Auferstehung: „Nun aber ist Christus von den Toten auferweckt worden als der Erste der Entschlafenen. Da nämlich durch einen Menschen der Tod gekommen ist, kommt durch einen Menschen auch die Auferstehung der Toten. Denn wie in Adam alle sterben, so werden in Christus alle lebendig gemacht werden." 1 Korinther 15,20 – 22.

DAS EWIGE LEBEN

Jesus Christus spricht zum Vater: „Vater, die Stunde ist da. Verherrliche deinen Sohn, damit der Sohn dich verherrlicht. Denn du hast ihm Macht über alle Menschen gegeben, damit er allen, die du ihm gegeben hast, ewiges Leben schenkt. Das ist das ewige Leben: dich, den einzigen wahren Gott, zu erkennen und Jesus Christus, den du gesandt hast." Johannes 17:1 – 3.

ER ZEIGT SICH MARIA

Und als Christus die Erde verließ, vollbrachte er das Sühnopfer. Christus kam nach drei Tagen wieder, diesmal in seiner vollkommenen Gestalt, und erschien den Menschen. Zuerst erschien er Maria. Jesus sagte zu ihr: „Maria!" Da wandte sie sich ihm zu und sagte auf Hebräisch zu ihm: „Rabbuni!", das heißt: Meister." Johannes 20:16 Im Markusevangelium: „Als Jesus am frühen Morgen des ersten Wochentages auferstanden war, erschien er zuerst Maria…" Markus 16:9 – 20.

ER ZEIGT SICH SEINEN JÜNGERN

„Am Abend dieses ersten Tages der Woche, als die Jünger aus Furcht vor den Juden die Türen verschlossen hatten, kam Jesus, trat in ihre Mitte und sagte zu ihnen: Friede sei mit euch! Nach diesen Worten zeigte er ihnen seine Hände und seine Seite. Da freuten sich die Jünger, dass sie den Herrn sahen." Johannes 20:19 – 20.

VIERZIG TAGE

„Ihnen hat er nach seinem Leiden durch viele Beweise gezeigt, dass er lebt; vierzig Tage hindurch ist er ihnen erschienen und hat vom Reich Gottes gesprochen." Apostelgeschichte 1:3.

ER SEGNET SEINE JÜNGER

„Dann führte er sie hinaus (auf den Ölberg) in die Nähe von Betanien. Dort erhob er seine Hände und segnete sie... " Lukas 24:50.

DIE HIMMELFAHRT

"Als er (Jesus Christus seine Jünger gesegnet hatte) … hatte, wurde er vor ihren Augen emporgehoben, und eine Wolke nahm ihn auf und entzog ihn ihren Blicken. Während sie unverwandt ihm nach zum Himmel empor schauten, standen plötzlich zwei Männer in weißen Gewändern bei ihnen und sagten: Ihr Männer von Galiläa, was steht ihr da und schaut zum Himmel empor? Dieser Jesus, der von euch ging und in den Himmel aufgenommen wurde, wird ebenso wiederkommen, wie ihr ihn habt zum Himmel hingehen sehen." Apostelgeschichte 1:9 – 11.

DIE BETENDE GEMEINDE

Nach der Himmelfahrt kehrten die Jünger zurück zur Gemeinde und zum Alltag: „Dann kehrten sie vom Ölberg, der nur einen Sabbatweg von Jerusalem entfernt ist, nach Jerusalem zurück. Als sie in die Stadt kamen, gingen sie in das Obergemach hinauf, wo sie nun ständig blieben: Petrus und Johannes, Jakobus und Andreas, Philippus und Thomas, Bartholomäus und Matthäus, Jakobus, der Sohn des Alphäus, und Simon, der Zelot, sowie Judas, der Sohn des Jakobus. Sie alle verharrten dort einmütig im Gebet, zusammen mit den Frauen und mit Maria, der Mutter Jesu, und mit seinen Brüdern." Apostelgeschichte 1:12 – 14.

ZUM SCHLUSS

Beten ist reden, hören und fühlen, was Gott uns sagen will. Das ist nicht immer leicht, weil von uns verlangt wird an das zu glauben, was wir noch nicht sehen, hören und fühlen können.

Im Gebet zu Gott glauben wir manchmal an Dinge, die noch nicht da und real sind, aber wir hoffen, dass unsere Wünsche real werden und dass wir bald die Erfüllung sehen, hören und fühlen können. Wenn Gott uns eine Antwort gibt, dann dürfen wir uns freuen, dass wir seine Nachricht empfangen.

Gott hört ein Gebet, das wir sprechen sofort, aber ein Gebet wird nicht immer sofort und gleich erhört und eine Antwort von Gott ist nicht immer die Antwort, die wir hören wollen. Oft sagt Gott mir etwas anderes und erst später erkenne ich, dass seine Antwort die bessere war.

Manchmal aber kommen seine Antworten gleichzeitig, während ich ihn frage oder kurz nach meiner Frage oder er gibt mir eine Antwort, bevor ich ihn frage.

Es ist ganz unterschiedlich, wie er mit uns redet und wodurch wir erkennen, wie wir seine Stimme hören und fühlen können. Ich verbringe oft Zeit mit Gott im Gebet und habe dadurch schon viel darüber erfahren, wie Gott denkt und fühlt. Seine Güte und seine Liebe sind groß. Sie reichen für jeden von uns.

Gott gibt mir das Gefühl, dass ich nicht für jeden einzelnen Augenblick kämpfen muss, weil er mich liebt und weil er mir immer wieder zeigt, wie es in meinem Leben weiter geht.

EIN GEBET

Herr,
mach mich zum Werkzeug Deines Friedens.

Wo
Hass ist, lass mich Liebe säen,
wo Unrecht ist, Vergebung,
wo Zweifel ist, Vertrauen,
wo Verzweiflung ist, Hoffnung,
wo Dunkelheit ist, Licht,
wo Trauer ist, Freude.

O Herr,
hilf mir, dass ich weniger danach strebe, getröstet zu werden, als zu trösten, weniger danach, verstanden zu werden, als zu verstehen, weniger danach, geliebt zu werden, als zu lieben.

Weil,
indem wir geben, werden wir beschenkt, indem wir verzeihen, wird uns verziehen, indem wir sterben werden wir zu ewigem Leben geboren.

Franz von Assisi

ÜBER DEN AUTOR

Daniel Marc Daum, Jahrgang 1970, geboren in Mühlheim an der Ruhr, ist Autor von zwei Büchern: „Mit 130 cm durchs Leben" und „Spaghetti essen mit Gott".

Als Technischer Zeichner und Bürokaufmann arbeitet er seit 2010, als Sachbearbeiter in einem Abrechnungszentrum.

Als Trompeter hatte er fünf Jahre Musikunterricht. Er spielt heute noch auf seiner kleinen Trompete.

Wirklich bewundernswert ist seine positive und zugleich realistische Lebenseinstellung. Für die Gemeindezeitung hat er einen Artikel über die Notwendigkeit und Freude von positiven Gedanken und konkreter Zielsetzung geschrieben.

Obwohl er eher ein ruhiger Typ ist, entwickelt er tiefgehende Kontakte im Gespräch. Seine Gedanken sind tief und edel, sein Glaube von großer Stärke. Er hat den großen Wunsch, alles zu lernen und zu tun, um Erfolge zu erzielen.

Mit 25 Jahren hat er angefangen zu fotografieren und seitdem über 5 000 Bilder über Bildagenturen verkauft. Seine selbst erlernten Fertigkeiten in künstlerischen Bereichen, wie zum Beispiel Malen und digitale Bildbearbeitung, haben ihm schon zu vielen Aufträgen verholfen.

Zweimal war er im Fernsehen zu sehen, im Bayerischen Rundfunk im Rahmen seiner Ausbildung zum Technischen Zeichner und in Amerika in den Abendnachrichten, weil die Maschine, in der er mit flog, vom Blitz getroffen wurde.

Er ist kleinwüchsig.

Die Schriftstellen sind aus dem Buch

DIE BIBEL
Einheitsübersetzung
Altes und Neues Testament